每三二天就要找你说几句不想对别人说的话。

王小波 李银河 著

爱你 就像

爱生命

Love

You

Like

Love

Life

湖南文艺出版社

孤独的灵魂是多么寂寞啊。

你要是愿意，我就永远爱你，你要不愿意，我就永远相思。

我把我整个的灵魂都给你，连同它的怪癖，耍小脾气，忽明忽暗，一千八百种坏毛病。它真讨厌，只有一点好，爱你。

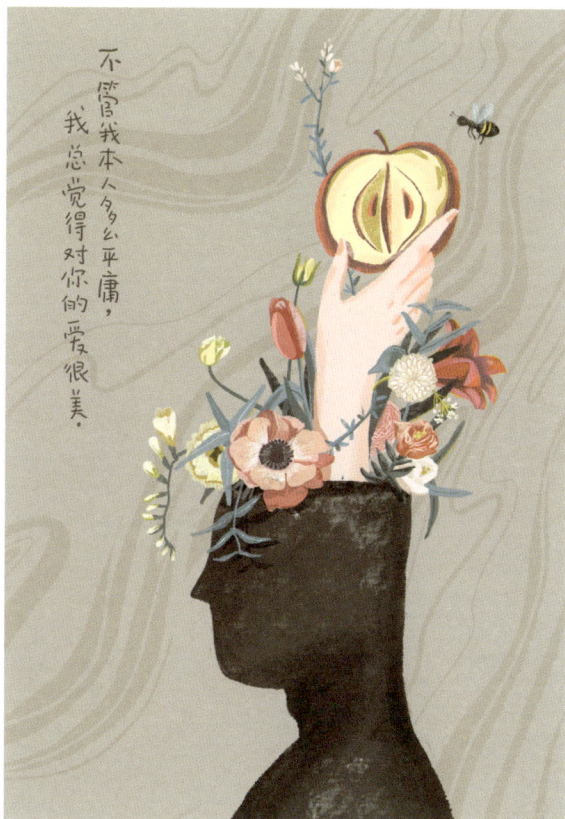

不管我本人多么平庸，我总觉得对你的爱很美。

但愿我和你，是一支唱不完的歌。

目录
Contents

爱你就像爱生命

王小波

永远"相思"你

王小波　李银河

里有本好书在读
子就像是节日。

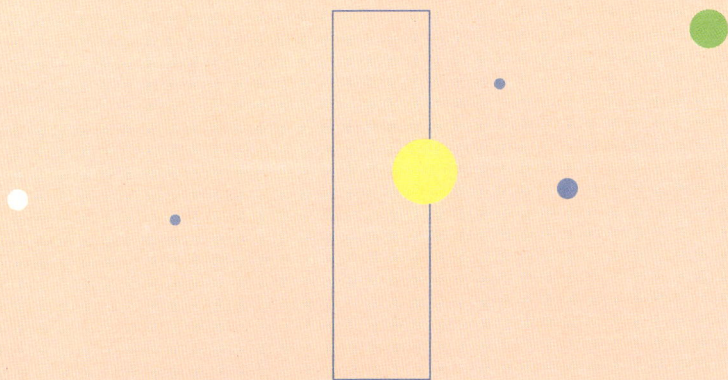

什么事你先别哭，先来责备我，好吗?

不一定要你爱我，但是我爱你，这是我的命运。

爱你就像爱生命

王小波

诗人之爱

我和你分别以后才明白，原来我对你爱恋的过程全是在分别中完成的。

我和你分别以后才明白，原来我对你爱恋的过程全是在分别中完成的。就是说，每一次见面之后，你给我的印象都使我在余下的日子里用我这愚笨的头脑里可能想到的一切称呼来呼唤你。比方说，这一次我就老想到：爱！爱呵！你不要见怪：爱，就是你啊。

你不在我眼前时，我面前就好像是一个雾沉沉、阴暗的海，我知道你在前边的一个岛上，我就喊："爱！爱呵！"好像听见了你的回答："爱。"

以前骑士们在交战之前要呼喊自己的战号。我既然是愁容骑士，哪能没有战号呢。我就傻气地喊一声："爱！爱呵！"你喜欢傻气的人吗？我喜欢你爱我又喜欢我呢。

你知道吗，郊外的一条大路认得我呢。有时候，天蓝得发暗，天上的云彩白得好像一个个凸出来的拳头。那时候这条路上就走来一个虎头虎脑、傻乎乎的孩子，他长得就像我给你那张相片上的一样。后来又走过来一个又黑又瘦的少年。后来又走过来一个又高又瘦又丑的家伙，涣散得要命，出奇地喜欢幻想。后来，再过几十年，他就永远不会走上这条路了。你喜欢他的故事吗？

最初的呼唤

每三二天就要找你说几句不想对别人说的话。

（以下书信写于 1978 年李银河去南方开会期间，当时李银河在光明日报社当编辑，王小波在西城区某街道工厂当工人。）

你好哇，李银河：

你走了以后我每天都感到很闷，就像堂吉诃德一样，每天想念托波索的达辛尼亚。请你千万不要以为我拿达辛尼亚来打什么比方。我要是开你的玩笑天理不容。我只是说我自己现在好像那一位害了相思病的愁容骑士。你记得塞万提斯是怎么描写那位老先生在黑山里吃苦吧？那你就知道我现在有多么可笑了。

我现在已经养成了一种习惯，就是每三二天就要找你说几句不想对别人说的话。当然还有更多的话没有说出口来，但是只要我把它带到了你面前，我走开时自己就满意了，这些念头就不再折磨我了。这是很难理解的是吧？把自己都把握不定的想法说给别人是折磨人，可是不说我又非常闷。

我想，我现在应该前进了。将来某一个时候我要来试试创造一点美好的东西。我要把所有的道路全试遍，直到你说"算了吧王先生，你不成"为止。我自觉很有希望，因为认识了你，我太应该有一点长进了。

我发觉我是一个坏小子，你爸爸说得一点也不错。可是我现在不坏了，我有了良心。我的良心就是你，真的。

你劝我的话我记住了。我将来一定把我的本心拿给你看。为什么是将来呢？啊，将来的我比现在好，这一点我已经有了把握。你不要逼我把我的坏处告诉你。请你原谅这一点男子汉的虚荣心吧。

我会在暗地里把坏处去掉。我要自我完善起来。为了你我要成为完人。

现在杭州天气恐怕不是太宜人。我祝你在"天堂"里愉快。请原谅我的字实在不能写得再好了。

王小波　5月20日

你好哇，李银河：

今天我诌了一首歪诗。我把它献给你。这样的歪诗实在拿不出手送人，我都有点不好意思了。

> 今天我感到非常烦闷
> 我想念你
> 我想起夜幕降临的时候
> 和你踏着星光走去
> 想起了灯光照着树叶的时候
> 踏着婆娑的灯影走去
> 想起了欲语又塞的时候
> 和你在一起
> 你是我的战友
> 因此我想念你
> 当我跨过沉沦的一切

向着永恒开战的时候

你是我的军旗

　　过去和你在一块儿的时候我很麻木。我有点两重人格，冷漠都是表面上的，嬉皮也是表面上的。承认了这个非常不好意思。内里呢，很幼稚和傻气。啊哈，我想起来你从来也不把你写的诗拿给我看。你也有双重人格呢。萧伯纳的剧本《匹克梅梁》里有一段精彩的对话把这个问题说得很清楚：

　　息金斯：杜特立尔，你是坏蛋还是傻瓜？

　　杜特立尔：两样都有点，老爷。但凡人都是两样有一点。

　　当然你是两样一点也没有。我承认我两样都有一点：除去坏蛋，就成了有一点善良的傻瓜；除去傻瓜，就成了愤世嫉俗、嘴皮子伤人的坏蛋。对你我当傻瓜好了。祝你这一天过得顺利。

王小波　5 月 21 日

你好哇，李银河：

　　今天又写信给你。我一点也不知道你在干什么，所以就不能谈论你的工作。那么怎么办呢？还是来谈论我自己。这太乏味了。我自觉有点厚颜，一点也听不见你的回答，坐在这里唠叨。

今天我想，我应该爱别人，不然我就毁了。家兄告诉我，说我写的东西里，每一个人都长了一双魔鬼的眼睛。就像《肖像》里形容那一位画家给教堂画的画的评语一样的无情。我想了想，事情恐怕就是这样。我呀，坚信每一个人看到的世界都不该是眼前的世界。眼前的世界无非是些吃喝拉撒睡，难道这就够了吗？还有，我看见有人在制造一些侮辱人们智慧的粗糙东西就愤怒，看见人们在鼓吹动物性的狂欢就要发狂。比方说，我看见郭沫若描写两个女人在海边洗澡（心旌摇摇，一本正经的），什么"……坟起，玉体皎白"，好像他除了这个什么也不知道，我就气得不得了，暗暗骂一声："闭嘴吧猪猡！"我总以为，有过雨果的博爱、萧伯纳的智慧，罗曼·罗兰又把什么是美说得那么清楚，人无论如何也不应该再是愚昧的了。肉麻的东西无论如何也不应该被赞美了。人们没有一点深沉的智慧无论如何也不成了。你相信吗？什么样的灵魂就要什么样的养料。比方说我，只让我看什么《铁道游击队》《激战无名川》，我势必要沉沦。没有像样的精神生活就没有一代英俊的新人。

出于这种信念，我非常憎恨那些浅薄的人和自甘堕落的人，他们要把世界弄到只适合他们生存。因此我"愤懑",看不起他们,却不想这样却毒害了自己,因为人不能总为自己活着啊。我应该爱他们。人们不懂应当友爱,爱正义,爱真正美的生活,他们就是畸形的人,也不会有太崇高的智慧,我们的国家也就不会太兴盛,连一个渺小的我也在劫难逃要去做生活的奴隶。如果我不爱他们,不为他们变得美好做一点事情的话。这就是我的忏悔。你宽恕我吗,我的牧师?

你没有双重人格,昨天是我恶毒地瞎猜呢,否则你从哪里来的做事的热情呢。这也算我的罪恶之一,我一并忏悔,你也一并宽恕了吧。祝你今天愉快。你明天的愉快留着我明天再祝。

王小波 5 月 22 日

你好哇,李银河:

我今天又想起过去的事情。你知道我过去和你交往时最害怕的是什么?我最害怕你从鼻子里发出一声冷笑(如果这样的形容使你愤怒我立刻就收回)。我甚至怀疑这是一把印第安战斧,不知什么时候就要来砍掉我的脑袋。因为我知道我们的思想颇有差距。我们的信仰是基本一致的,但是不是一个教派。过去天主教徒也杀东正教徒，虽然他们都信基督。这件事情使我一直觉得不妙。比方说我就不以为"留痕迹"是个毕生目标。我曾经相信只要不虚度光阴，把命运赐给我的全部智力发挥到顶点，做成一件无愧于人类智慧的事情，就对得起自己，并且也是对未来的贡献。这曾经是我的信仰，和你的大不一致吧？那时候我们只有一点是一致的，就是要把生命贡献给人类的事业，绝不做生活的奴隶。

现在我很高兴地告诉你，我的信仰和你又一致了。我现在相信世界上有正义，需要人为正义斗争。我宣誓成为正义的战士。我重又把我的支点放到全人类上。你高兴吗？

总而言之，我现在决定，从现在开始，只要有一点益处的事情我都干，绝不面壁苦思了。现在就从眼前做起，和你一样。我发现我以前爱唱高调偷懒，现在很惭愧。

5月20日《人民日报》第六版登了一篇写茨威格自杀的事情的文章，与第一版黄部长的文章说的仿佛不是一码事。看来《人民日报》的编辑也是一些很有趣的人。茨威格的书我有过一本，就是杨人楩译的《罗曼·罗兰传》。杨先生把作者名译成"刺外格"，念起来好像"狼外婆"。我为这件事笑过好几天，却不想作者有这么悲惨的遭遇。这件事我很能体会。

祝你今天愉快。

王小波　5月23日

你好哇，李银河：

今天收到你25日的来信。你的祝福真使我感动，因此我想到了很多事情。你回来我讲给你听。

可是你呀！你真不该说上一大堆什么"崇敬"之类的话。真的，如果当上一个有才气的作家就使你崇敬，我情愿永世不去试一下。我的灵魂里有很多地方玩世不恭，对人傲慢无礼，但是它有一个核心，这个核心害怕黑暗，柔弱得像绵羊一样。只有顶平等的友爱才能使它得到安慰。你对我是属于这个核心的。

我想了一想：是什么使你想起哭鼻子来呢？一定是雨果所说的"幽冥"。这个"幽冥"存在于天空的极深处，也存在于人思想的极深处，是人类智力所永远不能达到的。有人能说出"幽冥"里存在着什么吗？啊，有人能。那就是主观唯心主义者和基督教徒。雨果说他是深深敬畏"幽冥"的。我呢？我不敬畏。"幽冥"是"幽冥"，我是我。我对于人间的事倒更关心。

不过说实在的，我很佩服天文学家。他们天天沉溺在"幽冥"之中，却还很正常。多么大的勇气啊！简直是写小说的材料。

真的有一种新学科的萌芽诞生了吗？啊，世界上还真有一些有勇气的人，他们是好孩子。我想到这些年来，人对人太不关心了。人活在世上需要什么呀？食物、空气、水和思想。人需要思想，如同需要空气和水一样。人没有能够沉醉自己最精深智力思想的对象怎么能成？没有了这个，人就要沉沦得和畜生一样了。我真希望人们在评价善恶的时候把这个也算进去呀。我想这个权利（就是思想的权利）就是天赋人权之一。不久以前有人剥夺了很多人思想的权利。这是多么大的罪孽呀。你也看见了，多少人沉沦得和畜生一样了。到现在我还觉得，好多人只要略动脑子就自以为很了不起了。还有人只要动一动脑子就大惊小怪地自我惊叹起来。这是多么可悲，多么令人苦恼的事情呵。什么学科能评价这个呢？什么学科能够，我就衷心赞美它。

文学这个东西也很费人心力。比方说，我今天想到一件事情，我把它这样写出来："男人比女人又多了一重自由。你看有的女人为了拿出一副好看的姿势多么折磨自己呀。拐起胳膊，扭动屁股，身子扭啊扭，不光折磨了自己，把看见的人也折磨死了。"这些想法多么令人恶心。可是你要了解别人，不知道这个怎么成呢？我们要明辨是非、评价善恶，要把一切的一切拿到天平上称，多难呀。要对人和社会发一点议论就这么费劲。要是先入为主地决定了什么应该赞美、什么应该贬低就容易了。这就是写一流东西的难处。

我觉得我无权论是非，没这个勇气。我觉得你可以。你来救我的灵魂吧。

我整天在想，今天快过去吧，日子过得越快，李银河就越快回来了。你不要觉得这话肉麻，真话不肉麻。祝你愉快。

王小波　5 月 29 日

你好哇，李银河：

今天是 6 月 1 日，就是说，今天已经是 6 月初了。可是不知道你在哪儿。也许在归途上吧。心愿如此，阿门！

真应该在今天回想一下童年。有人说当孩子的时候最幸福，其实远非如此。如果说人在童年可以决定自己生命的前途，那么就是当孩子的时候最幸福，其实有一种我们不能左右的力量参加进来决定我们的命运，也就是说，我们被天真欺骗了。

我从童年继承下来的东西只有一件，就是对平庸生活的狂怒，一种不甘没落的决心。小时候我简直狂妄，看到庸俗的一切，我把它默默地记下来，化成了沸腾的愤怒。不管是谁把肉麻当有趣，当时我都要气得要命，心说：这是多么渺小的行为！我将来要从你们头上飞腾过去！现在这一切都已经过去。要把童年的每一瞬间都呼唤到脑海里，就是花上一个月时间也难办到了。但是这件事我还记得很清楚。我现在还是这样，只是将来不再属于我了。

　　你能理解我那时想的是什么吗？非常可能是不理解的。据说小时候我是一个顽劣儿童，既狂暴又怯懦。

　　关于"主旋律"。不知为什么我不喜欢这个词。不过可以这样说，你的主旋律我想已经有了很好的一个了，就是一个战士的主旋律，为有益的一切而战斗。还有一个光明天使的主旋律，爱护和帮助别人。这已经足够崇高了。你说的关于科学社会主义的新学科，我真不清楚它是什么，这是因为你说得不清楚，只好等你回来再谈了。不过只要它有足够多的现象可供研究，有足够多的规律可供发现，那它就可以成为学科。还有一个问题就是它合不合时宜，但是这还是次要的。

　　我很想把前面写的乱七八糟扯了，但是那就是对你不老实。留着你看看吧。总之，这一段时间比原来想象的苦。你就要回来了是吧？祝你愉快。

王小波　6月1日

你好哇，李银河：

我们接着来谈"幽冥"吧。我记得有一次我站在海边，看着海天浑为一色，到处都是蔚蓝色的广漠的一片。头上是蓝色的虚空，面前是浩荡的大海，到处看不见一个人。这时我感到了"幽冥"：无边无际。就连我的思想也好像在海天之间散开了，再也凝结不起来。我是非常喜欢碧色的一切的。

后来呢？后来我拍拍胸膛，心满意足地走开了。虽然我胸膛里跳着一颗血污的心脏，脑壳里是一腔白色泥浆似的脑髓（仅此而已），但是我爱我自己这一团凝结的、坚实的思想。这是我生命的支点。浩荡空虚的"幽冥"算什么？

接下来又要谈到把肉麻当有趣。这里有一个大矛盾。我极端地痛恨把肉麻当有趣。我有时听到收音机里放几句河南坠子，油腔滑调的不成个东西，恨不得在地上扒个坑把头埋进去。还有一次规模宏大的把肉麻当有趣，就是六八、六九年闹林彪的时候。肉麻的成分是无所不在的，就连名家（如狄更斯、歌德等）的作品里也有一点。可是有人何等地喜欢肉麻！

肉麻是什么呢？肉麻就是人们不得不接受降低人格行为时的感觉。有人喜爱肉麻是因为什么呢？是因为他们太爱卑贱，就把肉麻当成了美。肉麻还和现在文学作品中的简单、粗糙不同，它挺能吸引人呢。所谓肉麻的最好注脚就是才子佳人派小说，它就是本身不肉麻，也是迎合肉麻心理的。鲁迅是最痛恨肉麻的，我的这个思想也是从他老人家那里批发来的。

你有一次诧异我为什么痛恨激情，其实我是痛恨肉麻呀！我们是中国人，生活在北京城里，过了二十六年的平庸生活。天天有人咂着嘴赞美肉麻，你焉能不被影响？你激情澎湃的时候做出的事情，谁敢打包票不是肉麻的？

我有点害怕自己，怕我也是百分之三十的肉麻人物，所以只有头脑清醒时才敢提笔。这样是不成的。这样达不到美的高度，人家说我没有什么革命意识。说得多对呀。

你也知道了"幽冥"和肉麻全都不合我的心意。还有什么呢？我看我不要废话了。别人知道了要笑话的：王先生给李银河写情书，胡扯又八道，又是幽冥，又是肉麻。这不是一件太可笑的事实吗？就此打住，祝你愉快。

王小波　6月2日

又及：你该快回来了吧！我要疯了。

你好哇，李银河：

你可真有两下子，居然就不回来了。要是你去威尼斯，恐怕就永辈子见不到你了。

据说《人民日报》和贵报（当时我在光明日报社工作——李银河注）现在正在出乱子，看来你干的这一行是有一点风波之险，也挺有意思的。今天下午一看《解放军报》，居然套着红。恐怕是刺刀要见红。这么热闹你在杭州还待得下去？还不回来参加打？

我有点担心你锋芒太外露。这年头上战场要有点策略，打得赢就打，打不赢就装哑巴。

我今天又发现了剩余精力的规律，是关于文化生活的，可以解释现代文学的没落。大略是现代科学的发达占用了很多的剩余精力，所以现在只能有很低等的文学。这是说西方世界。中国人呢？中国人很闲散，尤其是有文化的阶层，闲散得太厉害了（这是从近代史角度上去说），所以程度不等地喜欢肉麻的东西。这也是一种对于文化的需求呢。你看，老百姓养活了他们，他们在创造粪便一样的文化！

我想，将来中国人还会有很多的剩余精力的，在这上面可以开出很美的精神生活之花。肉麻的文化只会使人堕落，粗糙的文化只能使人愚昧，这样的人盖不成精美的大厦。一个美好的社会没有美好的精神生活是不成的。西方世界慢慢地会觉醒的，从诲盗诲淫的文化中觉醒过来，他们的剩余精力会走上正路。东方世界我就不敢说了。总之，人们应当为自己的剩余精力建设美好的精神生活，这是物质所代替不了的。这样的文化不带一点点的肉感，只能用精神去感受，需要最崇高的智慧，这一点我已经可以断定。

至于我们呢？唉，说到我们，我叹一口气准备去睡觉了。祝你愉快！

王小波　6月3日

你好哇，李银河：

今天还不见你出现。我脑子里出现了很多宿命论的狂想。比方说，我很想抛一个硬币来占一占你是否今天回来。这说明我开始有点失常了。

人呀，无可奈何的时候就要丑态百出。我来揣测你遇到什么了。

也许是会议整风，鸣放得太过了吧？北京来的记者也有一份，留在那里走不了。呜呜！但愿不是这样！

也许是你去游山玩水。太好了！好好地玩玩吧，我真希望你玩得好。天热吗？千万不要太热。下雨吗？千万不要下雨。下雨什么也看不清楚。刮风吗？不要乱刮大风。最好是迎面而来的洁净的风。你迎风而去，风来涤荡你的胸怀，仰望着头上的蓝天，好像走在天空的道路上。真的吗？真的是这样吗？真是这样就太好了。我要给你写诗，心里太乱写不了。俾德丽采！俾德丽采！

在回家吗？在火车上吗？想到我了吗？别想，好好睡一觉吧。祝你心里平静而愉快。为什么没有高速火车呢？飞机！协和式飞机！我想一头穿过墙壁奔出去找你。去不了，我太无能。

飞飞飞，飞飞飞，你快飞回来。××昨天来找我，说他也不知道你的消息。这几天我干什么也静不下心来。我今年准考不上大学。前天办工业三十条学习班，我中午喝得大醉，被头儿当场点名，我厚着脸皮不在乎。

我发誓，你不回来我也不给你写信了。再写我就要胡说八道了。绝对不写。不写。祝你愉快！

王小波　6月5日

又及：我没有怨恨吧？一点也没有吧。

还有，我瞎扯。不是俾德丽采。那不是咒你吗？不怪我，怪但丁……

这一切和我格格不入

李银河，你好：

我自食其言，又来给你写信。按说世界上有很多的人。可是我今天病歪歪地躺了一天，晚上又睡不着觉，发作了一阵喋喋不休的毛病，又没有人来听我说。

我又在想，什么是文学的基本问题。今天下午三点四十五分我的答案是：人可以拥有什么样的生活。谁能对这个问题给出美妙的答案呢？当人们被污泥淹着脖子的时候？

有很多的人在从少年踏入成人的时候差了一步，于是生活中美好的一面就和他们永别了，真是可惜。在所有的好书中写得明明白白的东西，在人步入卑贱的时候就永远看不懂，永远误解了，真是可惜。在人世间有一种庸俗势力的大合唱，谁一旦对它屈服，就永远沉沦了，真是可惜。有无数为人师表的先生们在按照他们自己的模样塑造别人，真是可惜。

中国人真是可怕！有很多很多中国人活在世上什么也不干，只是在周围逡巡，发现了什么就一拥而上。比方说，刘心武写了《班主任》，写得不坏，说了一声"生活不仅如此！"就有无数的人拥了上去，连声说："太对太对！您真了不起！您是班主任吧？啧啧，这年头孩子是太坏。"肉麻得叫人毛骨悚然。我觉得这一切真是糟透了。

人可以拥有什么样的生活呢？这问题真是深奥。我回答不上来。我知道已往的一切都已经过去。雨果博爱的暴风雨已经过去。罗曼·罗兰"爱美"的风暴已经过去。从海明威到别的人，消极的一切已经过去。海面已经平静，人们又可以安逸地生活了。小汽车、洗衣机，中国人买电视，造大衣柜，这一切也和我的人格格格不入。有人学跳舞，有人在月光下散步，有人给孩子洗尿布，这一切也和我格格不入。有人解释革命理想，使它更合理。这是件很好的工作。

可是我对人间的事情比较关心。人真应该是巨人。世界上人可以享有的一切和道貌岸然的先生们说的全不一样。他们全是白痴。人不可以是寄生虫，不可以是无赖。谁也不应该死乞白赖地不愿意从泥坑里站起来。

我又想起雅典人雕在石头上的胜利女神了。她扬翅高飞。胜利真是个美妙的字眼，人应该爱胜利。胜利就是幸福。我相信真是这样。祝你愉快。

王小波　6月6日

爱你就像爱生命

我是爱你的，看见就爱上了。我爱你爱到不自私的地步。

李银河，你好：

昨天晚上分手以后，我好难过。我这个大笨蛋，居然考了个恶心死活人的分数，这不是丢人的事吗？而且你也伤心了。所以我更伤心。

我感觉你有个什么决断做不出来。可能我是卑鄙无耻地胡猜，一口一个癞蛤蟆。我要是说错了你别伤心，我再来一口一个地吞回去。真的是这样的话，我来替你决断了吧。

你妈妈不喜欢我。你妈妈是个好人，为什么要惹她生气呢？再说，这样的事情也不是你应该遇到的。真的，你不应该遇到。还有好多的好人都不喜欢我。你为什么要遇到那么多痛苦呢！

还有我。我是爱你的，看见就爱上了。我爱你爱到不自私的地步。就像一个人手里一只鸽子飞走了，他从心里祝福那鸽子的飞翔。你也飞吧。我会难过，也会高兴，到底会怎么样我也不知道。

我来说几句让你生气的话，你就会讨厌我了。小布尔乔亚的臭话！你已经二十六七岁了。不能再和一个骆驼在一起。既然如此，干脆不要竹篮打水的好。

你别为我担心。我遇到过好多让我难过的事情。十六岁的时候，有一天晚上大家都睡了，我从蚊帐里钻出来，用钢笔在月光下的一面镜子上写诗，写了趁墨水不干又涂了，然后又写，直到涂得镜子全变蓝了……那时满肚子的少年豪气全变成辛酸泪了。我都不能不用这种轻佻的语气把它写出来，不然我又要哭。这些事情你能体会吗？"只有歌要美，美却不要歌。"以后我就知道这是殉道者的道路了。至于赶潮流赶时髦，我还能学会吗？真成了出卖灵魂了。我遇到过这种事情。可是，当时我还没今天难过呢。越悲怆的时候我越想嬉皮。

这些事情都让它过去吧。你别哭。真的，要是哭过以后你就好过了你就哭吧，但是我希望你别哭。王先生十之八九是个废物。来，咱们俩一块儿来骂他：去他的！

我会不爱你吗？不爱你？不会。爱你就像爱生命。算了。不胡扯。

有一个老头来找我，劝我去写什么胶东抗日的事，他有素材。我会爱写这个？我会爱上吊。你要是不愿拉吹，我就去干这个。总之，我不能让你受拖累了。

我爱你爱得要命，真的。你一希望我什么我就要发狂。我是一个坏人吗？要不要我去改过自新？

算了，我后面写的全不算数，你想想前边的吧。早点答复我。我这一回字写得太坏，是在楼顶阳台上写的。

还有，不管你怎么想，以后我们还是朋友，何必反目呢。

王小波　星期五

痛悔

我真的不知怎么才能和你亲近起来，你好像是一个可望而不可即的目标，我捉摸不透，追也追不上，就坐下哭了起来。

银河：

你好！昨天我写了一封卑鄙的信，你一定伤心了。我太不对了。

今天我痛悔不已。

我怎么能背弃你呢。你是那么希望我成长起来，摆脱无所事事的软弱。我现在一步也离不开你，不然我又要不知做什么好了。

我很难过的是，你身边那么多人都对我反目而视。我并不太坏呀。我要向你靠拢，可是一个人的惰性不是那么好克服的。有时我要旧态复萌，然后就后悔。你想，我从前根本不以为我可以合上社会潮流的节拍，现在不是试着去做了吗？我这样的人试一试就要先碰上几鼻子灰，不是理所当然的吗？我真的决心放弃以前的一切，只要你说怎么办。你又不说。

我真的不知怎么才能和你亲近起来，你好像是一个可望而不可即的目标，我捉摸不透，追也追不上，就坐下哭了起来。

算了，不多说。我只求你告诉我，我到底能不能得到你。我还不算太笨，还能干好多事情。你告诉我怎么办吧。

王小波　星期六

真正的婚姻全是在天上缔结的

你要是喜欢了别人我会哭，但是还是喜欢你。

你好，李银河：

　　看了你的来信。我直想笑。你知道吗？别人很少能把我逗笑了，因为我很不会由衷地笑，只会嬉皮，那是很不认真的笑。这一回我真笑起来。我们厂的人还以为我接到什么通知，出了范进中举式的事故呢！

告诉你我为什么笑吧！第一，你说我长得不漂亮。这是件千真万确的事实。骆驼会好看吗？可是我一想是你一本正经地告诉我，这多有意思！

第二，你一本正经地谈起"那个"问题来了。真是好玩死了！

对了，我不能和你瞎开心，你要生气的。我和你说，你真是一个再好不过的人，我走遍世界也找不到，你太好了。

你想知道我对你的爱情是什么吗？就是从心底里喜欢你，觉得你的一举一动都很亲切，不高兴你比喜欢我更喜欢别人。你要是喜欢了别人我会哭，但是还是喜欢你。你肯用这样的爱情回报我吗？就是你高兴我也高兴，你难过时我来安慰你，还有别爱别人！可惜的是你觉得我长得难看。这怎么办？我来见你时应当怎样化妆？你说吧。

至于"那件"事情，我还没有想过呢。你知道吗？我从来都不好意思想象和谁做那件事情。我也许能够做到一辈子不做它，也许不能做到。反正不能乱来的。和不喜欢我的人一起就更不好意思了。

我已经死皮赖脸到了极点，都是你招的！总之，我对你是柏拉图式的爱情。萧伯纳的名言：“真正的婚姻全是在天上缔结的。”
这句话是一个不到二十岁的女孩子爱上一个八十岁以上的萧非特船
长时说的。这就是说，对于我，关于“那个”是一点也无关紧要的。
你欠不了我的情。如果有你害怕的那种情况发生，你就当是我要那
样的好了。

　　总而言之，我和你相像的地方多得很，比你想象的要多得多。
我很高兴，觉得这是一条联结我们的纽带。我再也不会猜忌什么了。
你呢?

　　真的，只要你和我好就成了。

　　　　　　　　　　　　　　　　　　　　　王小波　星期六

请你不要吃我，我给你唱一支好听的歌

我把我整个的灵魂都给你，连同它的怪癖，耍小脾气，忽明忽暗，一千八百种坏毛病。它真讨厌，只有一点好，爱你。

银河，你好：

今天上午看到你因为我那一封卑鄙的信那么难过，我也很难过。

我来向你解释这一次卑鄙的星期五事件吧！你要听吗？

　　你一定不知道，这一次我去考戏剧学院，文艺理论却考了一大堆《××》之类的东西，我心里很不了然，以为被很卑鄙地暗算了一下。那一天在你舅舅那里听他讲了一些文学，我更不高兴了。没有考上倒在其次，我感到文艺界黑暗得很，于是怏怏不乐地出来了。后来我发现你也很不高兴。当时我还安慰了你一番对吧？其实当时我的心情也很黑暗。我向你坦白，我在黑暗的心情包围之下，居然猜疑起你来了。你生气吗？是半真半假的猜疑，捕风捉影的猜疑，疑神见鬼的猜疑，情知不对又无法自制的猜疑。我很难过，又看不起自己，就写了一封信。我告诉你（虽然我很羞愧），当时我在心里千呼万唤地呼唤你，盼你给我一句人类温柔的话语。你知道我最不喜欢把自己的弱点暴露给人，我不高兴的时候就是家里人也看不出来，而且就是有时家兄看出来时，他的安慰也很使我腻味，因为那个时候我想安静。这一次不知为什么我那么渴望你，渴望你来说一句温存的话。

　　后来的事情你知道。你把我说了一顿。我是躲在一个角落里，小心翼翼、鬼鬼祟祟地伸出手来，被你一说马上就老羞成怒了。真的，是老羞成怒。我的眼睛都气得对了起来。我觉得一句好话对你算什么？你都不肯说，非要纠缠我。于是我写了很多惹人生气的话，我还觉得你一定不很认真地看待我，于是又有很多很坏的猜想油然而生，其实那些我自己也不信呢。

后来我又接到你一封信。我高兴了，就把上一封信全忘了。

这一件事你全明白了吧。我这件事情办得坏极了。请你把它忘了吧。你把卑鄙的星期五的来信还给我吧。

我们都太羞怯太多疑了。主要是我！我现在才知道你多么像我。我真怕你从此恨我。我懊恼地往家里走，忽然想起小时候唱的一支歌来，是关于一个老太太和她的小面团。小面团唱着这么一支歌：

请你不要吃我不要吃我，
我给你唱一支好听的歌。

我把这件事告诉你了。我怎么解释呢？我不能解释。只好把这支歌唱给你听。请你不要恨我，我给你唱一支好听的歌吧。

你说我这个人还有可原谅的地方吗？我对你做了这样的坏事你还能原谅我吗？我要给你唱一支好听的歌，就是我这一次猜忌是最后的一次。我不敢怨恨你，就是你做出什么样的决定我都不怨恨。

我把我整个的灵魂都给你，连同它的怪癖，耍小脾气，忽明忽暗，一千八百种坏毛病。它真讨厌，只有一点好，爱你。

你把它放在哪儿呢？放在心口温暖它呢，还是放在鞋垫里？我最希望你开放灵魂的大门把它这孤魂野鬼收容了，可是它不配。要是你我的灵魂能合成一体就好了。我最爱听你思想的脉搏，你心灵的一举一动我全喜欢。我的你一定不喜欢。所以，就要你给我一点温存，我要！（你别以为说的是那件事啊！不是。）

王小波　星期日

孤独的灵魂多么寂寞啊

　　只希望你和我好，互不猜忌，也互不称誉，安如平日，你和我说话像对自己说话一样，我和你说话也像对自己说话一样。

银河，你好：

　　你的来信收到了。

我想我现在了解你了。你有一个很完美的灵魂，真像一个令人神往的锦标。对比之下我的灵魂显得有点黑暗。

我来回答你的问题吧。你已经知道我对你的爱有点自私。真的，哪一个人得到一颗明珠不希望它永远归己所有呢。我也是。我很知道你的爱情有多美好（这是人们很少能找到的啊），我又怎能情愿失去它呢。

可是我有一个最高的准则，这也是我的秘密，我从来也不把它告诉人。就是，人是轻易不能知道自己的，因为人的感官全是向外的，比方说人能看见别人，却不能看见自己；人可以对别人有最细微的感觉，对自己就迟钝得多。自己的思想可以把握，可是产生自己思想的源泉谁能把握呢。有人可以写出极美好的小说和音乐，可是他自己何以能够写这些东西的直接原因却说不出来。人无论伟大还是卑贱，对于自己，就是最深微的"自己"却不十分了然。这个"自我"在很多人身上都沉默了。这些人也就沉默了，日复一日过着和昨日一样的生活。在另外一些人身上，它就沸腾不息，给它的主人带来无穷无尽的苦难。你说，是什么使双目失明的弥尔顿苦苦地写诗呢，还不是它。你看，好多人给它许下了诺言，安德谢夫说他是个穷鬼时下定了决心，除了一颗枪子什么也挡不住他。可是他成了阔佬以后呢？心安理得了。

至于我呢，我情愿它永远不沉默，就是它给我带来什么苦难都成。我们都活着，将来我们都活过。我情愿它沸腾到最后一秒钟为止，我永远不希望有一天我心安理得，觉得一切都平稳了。我知道，生和死，这是人们自己的事。谁也救不了别人的灵魂，要是人人都有个不休不止的灵魂才好呢。我真希望我的灵魂像你说的，是个源泉，永远汲取不干（当然这是不可能的事）。我希望我的"自我"永远"吱吱"地响，翻腾不休，就像火炭上的一滴糖。

我真不想有一天我自己觉得我有了足够的智慧，可以够用了，足够明辨是非了。

你知道我希望人人都有自己的智慧，你也知道了我以为大家的灵魂只有自己才能救得了。所以我永远不会想把别人的灵魂据为己有。我只希望我们的灵魂可以互通，像一个两倍大的共同体。你知道吗，孤独的灵魂多么寂寞啊，人又有多少弱点啊（这是使自己哭泣的弱点）。一个像你这样的灵魂可以给人多么大的助力，给人多少温暖啊！你把你灵魂的大门开开，放我进去吧！

本着这些信念，我很希望你绝对自由，我希望你的灵魂高飞。当然，你将来爱上别人，不就说明我的灵魂暗淡了吗？除了嫉妒，不是还宣告了我完蛋了吗？到了那一刻，你怎么能要求我兴高采烈呢。谁也不会完蛋了还高唱"大海航行靠舵手"的，所以你这要求过当了呢。不过，从我这时的理智看来，那时你还是离开我好。要是到那时我变了主意，那就是我变坏了，你就丢开我好啦。

我只有一个要求，要是到那时我还是我，你不要拒我千里，还和我做朋友，并且还要温存一点，不要成心伤害我。

我不喜欢安分过什么"日子"，也不喜欢死乞白赖地搅在一起。至于结婚不结婚之类的事情我都不爱去想。世俗所谓必不可少的东西我是一件也不要的。还有那个"爱""欠情"之类，似乎无关紧要。只希望你和我好，互不猜忌，也互不称誉，安如平日，你和我说话像对自己说话一样，我和你说话也像对自己说话一样。说吧，和我好吗？

小波 星期三

对了，还有入党的问题。我恐怕入不了。要入就要做一些……

事情。总之，在我们这个街道厂，党员不是五十几岁、解放脚的老大妈，就是咋咋呼呼的小女孩。我恐怕要做到哪一种都不容易，尤其改变性别恐怕根本办不到。这种说法虽近嬉皮，却千真万确。再说下去就想和你说别的了，于是——住笔。

我是一只骆驼

　　我真的没有生什么气。不过我想你不一定相信我说的话。那么你就当我真的生了气，我现在后悔了。

你好，银河：

　　你的信我看了。

我居然使你这么难过。我真是该死！我相信，你一定是在有些地方误解我了。

但是也有些地方是我不好。我承认，那天晚上和你分手以后，我是有点不高兴。那是因为你说我对封建社会的江湖气有一点喜好。我当时稍微有一点觉得你说得过分了。后来我一想是有一点。你知道我这个人越讨厌什么就非把什么弄明白不可。如果我讨厌什么而不把它弄清楚，我就不明白自己为什么不喜欢它，也就不能明确地憎恨它。你现在知道我是讨厌江湖气的了吧。

我又想到你一定很气愤地回想起我问过你"能不能论是非"。你一定以为我是想打击你一下。真的，我是无心的。不过我觉得这个解释尽管真实却不能服人，所以我请你把它当成有意的以后再原谅了我吧。你瞧，我来呼吁你的宽容。原谅了吧。

我真的没有生什么气。不过我想你不一定相信我说的话。那么你就当我真的生了气，我现在后悔了。我请你不再把这事放在心上。你宽容吧。原谅了吧，全是我不好。

我有好多坏处。可是你知道吗？我是一只骆驼。我说过的话我是不会反悔的。你大概发现我特别迟钝，又很不会说话。可我是忠诚的啊。我怎么能使你相信呢？我难道会为了一点口舌之争就生起气来，就是你那么难过也无动于衷吗？我是那么坏吗？难道甚至是你（甚至不是别人而是你）有一点使我不愉快，我就非得报之以颜色吗？我是这么一个卑鄙的小人还不够，还敢身为这样一个卑鄙的小人又来和你拉钩（二人结识之初，曾拉钩相约，即使不能做夫妻，也要做终身的朋友——李银河注）吗？假定我是如此之坏，如此之不要脸，还敢对你存什么非分之想，那么天就该在我头上塌下来，地就该在我脚下裂开来。

只有一点我不敢请求你原谅。你怀疑我有点新旧社会不分。我发誓你说得有道理。不过这个问题上我也不是那么坏的。我有点理想主义，希望人们过更美好的生活。可是在旧社会谁有存那么一丁点这种希望吗？现在可以存这个希望了。我发了狂一样地希望这个希望实现，所以出言不逊，胡说八道。可是这一切俱因为有这个基础啊！我怎么能够使你相信这一点呢？你相信了没有？

还有，你说我们比人民群众幸福吗？我们喜欢阳春白雪，他们喜欢下里巴人，阳春白雪比下里巴人好不好？我真愿意他们有他们需要的一切下里巴人，可是我明知享受阳春白雪比下里巴人幸福，我为什么不希望他们能享有最高的幸福呢？他们只配知道肉麻不配知道美吗？就因为他们不知道美就要否认美存在，让整个人类都很悲惨地失去这个吗？我要是相信未来，我就只能把一切真正美好的东西当成全人类的财富，正因为很多人享受不了这个我才觉得他们可怜，我才难过呢。你想，他们的不幸正是我们的卑鄙，假如我们不为他们做点什么的话。因为我们是青年，应该负最重的担子。这不是你的意见吗？我已经决心这样做了。你不要责备我了。我已经决心这样做了。

我发誓什么柔道哇、什么发明啊，全是我写着玩的。你不知道我爱开玩笑？至于理想的女性，除了你还有谁？我又不是女的，我根本不会创造理想女性的形象。有什么能比自然已经创造的真实好呢？我顶讨厌野驴疯狗式的女人。真的。我怎么才能使你相信呢？

你知道我在世界上最珍视的东西吗？那就是我自己的性格，也就是我自己思想的自由。在这个问题上我都放下刀枪了——也就是说，听任你的改造和影响。你为什么还要计较我一两次无心的过失对你的伤害呢？宽恕吧！原谅吧！我是粗心的人，别和我计较。

对了，我猜你是觉得我是小心眼的人。我是骆驼，傻呵呵的。你要和我计较我只有发疯。别计较，别。

我去山里你生气吗？你要是不高兴我立刻就回来。给木城涧矿干军台坑 820 王小平转王小波写信（当时王小波在他哥哥的山中住处准备高考——李银河注）。我的字又写得很不好。

　　　　　　　　　　　　　　　　　王小波　7 月 9 日夜

我对好多人怀有最深的感情，尤其是对你

什么事你先别哭，先来责备我，好吗？

银河，你好：

　　两个星期没给你写信，提起笔来不知写些什么。我总不能像你在我面前我和你说话一样地写，因为想象中的你是不会说

话，也不会笑的。

我想起你因为我那一天说了一些粗话生气了。我向你忏悔，我是经常说粗话的，因为我周围的工人们都说，而且我也是一个工人。我们说的有时不堪入耳，但是心里只把它当些有趣的话哈哈大笑一场。我多一半是一个粗人。我和他们在一起时我也不能是其他的样子。我有什么道理装模作样吗？

我的罪过主要是不应当在那里胡说，这真是不可原谅的。我悔罪，再也不说了。坚决不说了。你千万不要以为这些粗话在我的内心世界里也占什么地位，它是一件外衣。

我又想起你说的你和 ×× 的争吵。照我说是你的不对。什么两党制，它的现状我们是不知道的，我们不应当老是谈论一些我们不了解的东西。假如我记得不错，关于"两支桨"的比喻是《读者文摘》上一栏极不正经的小笑话，你何必认真地去对待它呢。

我现在一点也打不起精神去干点什么，尤其是正经不起来。我哥哥说我也许会什么事情也做不好，因为我是"像猪一样懒"。他是个信口雌黄的家伙，不过他说的也许有点道理，总之他说得我灰心丧气。

告诉你，我是最容易灰心的了，一点小事情会使我三个月什么也不写，只在心里反复说："你是个普通人，傻瓜！"

我真不知力量从哪里来。我想，你知道，就是不告诉我。你呀，你准是不相信我是个好人，以为我会嘲笑你。我真的是个好人，我对好多人怀有最深的感情，尤其是对你。我很想为别人做好事，尤其是对你。我真想把我能做出的一切好事全献给你呢。

我现在正在看《大卫·科波菲尔》，真是好书。我现在看得进这样的书了。他们对人们怀有多深的情感啊！现代作家们对别人永远不及对自己的八分之一关心。我因为这个恨他们。他们写自己的满腹委屈，写自己的无所事事，这怎么可以呢？人不能不爱别人啊。

我也坏得很，我总用最刻薄的眼光看人。你千万不要原谅我这个。你要是爱我就别原谅我这个。顺便问你一句，你爱我吗？你要教我好，教我去爱大家。你答应吗？

还有，我最不喜欢以为我有什么权利替别人明辨是非了，这一点你一定很恨我。他们总说大家应当这样好、那样好，我总是听着要打瞌睡。××说现在一切是非都是已定的，我也不信。我相信像你这样的人在做大好事，这样的好事做多了，是非自会分清。总之，空论是非很可笑，不论是非有点冥顽不灵（这句话说得很浑，你姑且容之），最正确的就是你。正是你在准备做好事。要是世界好了起来可不是别人的功劳，是像你这样的人的功劳。

我又瞎说了一通，千万不要有什么话又惹你生气。你生了气就哭，我一看见你哭就目瞪口呆，就像一个小孩子做了坏事在未受责备之前目瞪口呆一样，所以什么事你先别哭，先来责备我，好吗？

小波 8 月 22 日

吾友李银河

你是非常可爱的人，真应该遇到最好的人，我也真希望我就是。

银河，你好：

　　没有马上给你写回信，我以为星期天就能见到你呢！

　　见到你的信以后，没有你预想的那么难过。不过也有一点丧气。你知道，人不是每天都能遇上一个可以理解自己又可以信赖的人的，有时我谁也不信赖，对谁都嘻嘻哈哈。要是有好多好多的人和我们一样有多好！我们在一起有什么事情办不成呢。所以我觉得你十分可贵。当然这是我这么想。

你说我逼你了，这可叫我十分难过。我是那么浑吗？我当然是十分爱你，这个爱情我是永不收回的，直到世界末日。不过，你是非常可爱的人，真应该遇到最好的人，我也真希望我就是。不过用你做镜子照照内心，我有一点自惭形秽。所以难怪你不大信任我。我希望明天一早也变成光明天使，也飞到天上去。 可惜这件事不容易。在这件事实现之前，咱们还和现在一样好吗？

我知道你也感到我和你不是完全一样的人。真的，我也不敢隐瞒。你是个信仰坚定的人，一个战士。其实我对未来、对你信仰的一切也有信心，而且我也认为不能信别的，这是中国人民唯一的希望。我就是还有一点，我还希望明白什么是世界上最美最好的东西，我这样的人能做到的东西里什么是最美最好的。我要把它找到，献给别人。这是一个狂妄的野心，我现在也怀疑这样的事是不是能办到。我真希望变成和你一样的人，和你在一起。可是你不让！许可我吧，这样我就永远和你在一起了。咱们千万别分手，我害怕这个。

一想到有这样的可能我就吓坏了。

我又想起契诃夫小说里有一对情人,男的管女的叫小耗子,耗子的爱情准是叽叽歪歪的。这种爱情真见鬼。我就不会像耗子一样爱人。我顶多能当个骆驼。你呀,就是"吾友李银河"。你愿意吗?

小波　8月28日

我现在想认真了

以后少写信多见面好不好？写信我爱瞎说，见面就敬重了。我愿意敬重你。

银河，你好：

想你了，跟你胡扯一通。我这样的喋喋不休可能会招你讨厌。

告诉你，我有一种喜欢胡扯的天性。其实呢，我对什么事都最认真了。什么事情我都不容许它带有半点儿戏的性质，可惜我们这里很多事情全带有儿戏的性质。我坚信人是从爬行动物进化来的，因为有好多好多的人身上带有爬行动物那种低等、迟钝的特性。他们办起事情来简直要把人气疯。真的，我不骗你！早几年我已经气疯一百多次了，那时候从学校到舞台到处不都是儿戏？那时候的宣传、运动不是把大家当大头傻子吗？后来我对这些事情都不加评论、不置一词，只报之以哈哈大笑。后来我养成一种习惯，遇到任何事情先用鼻子闻一下，闻出一丁点儿戏的气味就狂笑起来。真的，我说实话，你别生气。我以为凡把文学当成沽名钓誉手段的全是儿戏，连 ×× 也曾被我暗笑了好几回呢。我不瞒你，你也别怪我。我原准备到处哈哈大笑，连自己在内，笑到寿终正寝之时。可是我现在想认真了，因为你是个认真的人。有时我又想嘲笑自己，因为你连爱我都不肯说。你别说我逼你呀，不管你说不说我全要认真了。

我见了你就想说实话，胡说八道的兴致一点都没了。刚才还说要和你胡扯一通呢。

说真的，你是不是因为我不会对你叽叽歪歪或者对我叽叽歪歪不出来才讨厌我？说真的，我绝对对你叽叽歪歪不出来。也许和别人我会叽叽歪歪起来的（因为这事我没遇上过，只能说"也许"），不过你要对我叽叽歪歪起来我要难过一点，然后也叽叽歪歪起来。这可是我真正的胡说八道。我猜你是个真正的"男子汉"，和你在一起多高兴，高兴是因为大家都在路上，不是在一个洞里叽叽歪歪。为什么在洞里要叽叽歪歪呢？因为希望除了对方世界上什么也不存在了，或者还有大衣柜和一头沉——孩子！为什么在路上就高兴呢？因为活了还要死，两个人在一起不孤单。还要走好长的路呢，走长路两个人好。还要做好多事呢。我疯了吧，和你胡扯一通，下一次见了我你可别抡起鞋底子来打我。和你说什么呢？你爱哭，说错了你就哭。其实你没说爱我。就是说，不爱我。说起这个我有点丧气。现在我要吹口哨。不逼你。

对了，"白莲教"我又写了一点，我真想撕了它，因为我在那里嘻嘻哈哈。还有一些写在本里了，本上还有好多白纸呢，撕下来给你，本上就要掉片了，我妈又要和我没死没活地吵架，说我糟蹋东西。其实本是我买的，再说我不糟蹋本干什么去。所以要看你就来。我把写在纸上的带给你。我又丢了你的《文汇报》，我是一个大坏蛋。今天的信里胡说居多，你烧了它。以后少写信多见面好不好？写信我爱瞎说，见面就敬重了。我愿意敬重你，再说我的字写得多寒碜哪！再见！

王小波　8月30日

说实话，爱你爱得要命。你要是讨厌这句话就从这儿撕。你爱不爱另论。

假如你愿意，你就恋爱吧

如果你不要恋爱，那我还是愁容骑士。如果你想喜欢别人，我还是你的朋友。

银河，你好：

看了你的信，你为什么把你自己说得那么坏，把我说得那么好呢？你真傻，那不是事实啊。

我知道你因为什么事情在难过。我猜得出来。怎么办呢？这么办吧。假如你愿意，你就恋爱吧，爱我。恋爱可以把什么问题都解决了的。恋爱要结婚就结婚，不要结婚就再恋爱，一直恋到十七八年都好啊，而且更好呢。如果你不要恋爱，那我还是愁容骑士。如果你想喜欢别人，我还是你的朋友。你不能和我心灵相通，却和爱的人心灵不通吧？我们不能捉弄别人的，是吧？所以我就要退后一步了。不过我总觉得你应该是爱我的。这是我瞎猜。不过我总觉得我猜得有道理，因为什么都不是爱的对手，除了爱。

还有你和我谈的对党的感情问题。你是个好女孩，可是你还不懂男人呢。我怎么能没感情呢，不过要我用这个感情跳出个忠字舞，就是杀了我也跳不出，就是拿出来喊成个口号也不成。就好像我弟弟，我平时净和人们说他坏处（从小就说），可是过去常因为他和人家打架。就好像我妈妈，我们哥儿几个有时当面讥评她，可是她和我们都知道，我们都把她当个好妈妈。我们都认为，什么感情要是可以随时表演给人看的必定是肉麻的。你要问我它是什么样的，我哪知道它是什么样的。你们一定知道，因为你们情感细腻啊。你要问我，我都不知从何说起，只好瞪大眼睛傻乎乎地说："有哇，我担保，有。"

　　还有我也不太容易被人影响，起码不像你想象的那么容易。我们是比较不进油盐的人。你来影响当然不同了，爱情是助渗剂。

　　祝你好。

小波　9 月 4 日

美好的时光

手里有本好书在读的日子就像是节日一样。

银河，你好：

从上次给你写信到现在已经有一个星期了。这么说，我是太懒了。

真的，说真的，咱们见了面为什么老进行一些严肃沉闷的谈话啊？我发觉我已经很少像前几年那样，有时整天欢天喜地了。也许是我已经过了欢乐的年龄，这可真使我惋惜。我有时想起过去读过的书，无限神往，可惜再到手里就不再觉得它有意思了。我现在想起泰戈尔的抒情诗集就有这么一种感觉，所以希望你找到它看一看，希望你看了它高兴。总之，手里有本好书在读的日子就像是节日一样，是不是？

下次见了你把"海明威"还你，劝你不要看。我哥哥、弟弟，所有看了它的人都气疯了。因为它不算一本书。你还有什么好书，拿给我看看。

昨天在黄昏的水面上我很高兴，可惜咱们马上要像傻子一样地往回赶。我有好久没有遇上那么美好的时光了。

咱们不要惹你妈妈生气，所以不能常常在外面待得太晚。总之，我只好等时间来解决问题。我猜老人家心里给你选了更好的人呢。不知道他是谁，不过他一定也是好人。

星期三晚上，我和平常一样，在平常的地点平常的时间等你。

小波　9 月 11 日

去上大学

要是这路上的九十分钟省下来和你待在一起多好。

银河，你好：

今天我们去上学。早上起来到学校的路上，自行车多得好像蚂蚁搬家。我原来不知道有那么多人早上要到郊外去。告诉你，真是一副蔚为壮观的景象。

人大徒有大学之名，校舍可怜得要命。总共只有三十个教室，比一个中学一点也不多。我们所谓的入学教育就包括系里的头头领着大家到外面，指着被二炮霸占的教学楼进行传统教育。没有一个教师讲话时不提起被霸占的"南方四岛"，就是学校的南半部。

学校的食堂在一个角落里，离我们上学的地方有十五分钟的路程。中午吃饭时骑车的抢先赶到，把菜吃个精光。后来的排起长龙等炒菜。×××迟到一步，只好望队兴叹，后来他跑到外边下饭馆去了。

我发现这么来回跑，人大的学生里早晚会有被汽车撞死的，但愿不是我。（你看到这里千万说一声"阿门"。）他×的，要是这路上的九十分钟省下来和你待在一起多好。

你可以写一封信给"中国人民大学贸易经济系"我收，我把收到的情况告诉你。要是这样可靠而且便捷，就这么办。

总之，很爱你，好银河。别嫌我啊。别嫌我没时间啊。

小波　10 月 23 日

人为什么活着

我决不为了仪式爱你,我是正经爱你呢。

银河,你好:

　　我在家里给你写信。你问我人为什么活着,我哪能知道啊?我
又不是牧师。释迦牟尼为了解决这个问题出了家,结果得到的结论

是人活着为了涅槃，就是死。这简直近乎开玩笑了。

不过活着总得死，这一点是不错的，我有时对这一点也很不满意呢。还有人活着有时候有点闷，这也是很不愉快的。过去我想，人活着都得为别人，为别人才能使自己得到超生。那时大家都这么想吧？结果大家都不近人情地残酷，都走上宗教的道路了呢。我们经过了那个时代了吧，把生活都变成一个连绵不断的宗教仪式了呢。后来我见过活着全然为自己的人，他们是真正的唯物主义者，把自己当成物质，需要的东西也是物质，所以就分不出有什么区别。比方说，物质生活就是生活本身吗？有人分不出来。

总之，我认为人不应当忽视自己，生活就是自己啊。总要无愧于自己才好。比方说我要无愧于自己就要好好地爱你才对。也不能让人家来造自己，谁要来造我我都不干。有人要我们这样要我们那样，我们就不知道什么是生活本身了。过去我们在顶礼膜拜中度过光阴的时候，我们知道什么是生活吗？现在我们在一片拜物声中过的是什么日子啊。我自己过去和现在都很不好。不过我现在要爱你，我觉得我很对，你也觉得我很对，别人与此有何相干。

我这么说你恐怕要怕我了。我一点也不可怕。不管你是谁，是神仙也好，是伟人也好，请你来共享我们的爱情。这不屈辱谁，不屈辱你。

我不喜欢稀里糊涂地过日子。我妈妈有时说："真奇怪啊，我们稀里糊涂地就过来了。"他们真的是这样。我们的生活就是我们本身。我们本身不傻，也不斤斤计较大衣柜一头沉。干吗要求我们有什么外在的样子，比方说，规规矩矩，和某些人一样，等等。有时候我真想叉着腰骂：滚你的，什么样子！真的，我们的生活是一些给人看的仪式吗？或者叫人安分守己。不知什么叫"分"，假如人活到世上之前"分"都叫人安排好了，不如再死回去的好。

我有时对自己挺没信心的，尤其是你来问我。我生怕你发现我是个白痴呢。不过你也该知道，我也肯为别人牺牲，也接受一切人们的共同行动，也尽义务，只要是为大家好；却不肯为了仪式去牺牲、共同行动、尽义务，顶多敷衍一下。别人也许就为这个说我坏吧？我很爱开发智力，我怪吗？不怪吧。我还爱一个美的世界，美是为人的幸福才存在的。我也不肯因为什么仪式性的东西去写什么，唱什么，画什么，顶多敷衍它一下。

总之，我是这样。为了大家好，还为了我自己好，才能正经做事。为了什么仪式，为了看起来挺对路，我就混它。我决不为了仪式爱你，我是正经爱你呢。我一正经起来，就觉得自己不坏，生活也真不坏。真的，也许不坏？我觉得信心就在这里。

我对自己有点信心。我爱你呢，爱你！

小波　10 月 29 日夜

你和我是很不同的人

　　我对你的爱不太像火，倒像烧红的石头呢。不过我太喜欢你了，太想爱护你了。你不知道我呢。我爱谁就觉得谁就是我本人，你能自由也就是我自由……也许我是个坏人，不过我只要你吻我一下就会变好呢。

银河，你好：

　　看了你 2 日的信，我很喜欢你的看法。不过还有一点我不能同意你，你不生气吧？我要说的是：只要我们真正相爱，哪怕只有一天，一个小时，我们就不应该再有一刀两断的日子。也许你会在将来不爱我，也许你要离开我，但是我永远对你负有责任（我也希望你也负起这个责任），就是你的一切苦难就永远是我的。社会的力量是很大的吧？什么排山倒海的力量也止不住两个相爱过的人的互助。我觉得我爱了你了，从此以后，不管什么时候我都不能对你无动于衷。我可不能赞成爱里面一点责任没有。我当然反对它成为一种枷锁，我也不能同意它是一场宴会。我以为它该是终身不能忘却的。比如说，将来你不爱我了，那你就离开我，可是别忘了它。这是不该忘记的东西。

　　有时我有点担心你和我是很不同的人。我正是为这一点爱你，可是我怕你会为这一点不爱我。你呀，你是一个热情的人，你很热。我恐怕我有点温。我不经常大喜，几乎不会狂喜。你欣喜若狂的时候，也许我只会点头微笑。不，我说这个你也许不会懂呢。我带有一点宿命的情调。我一丁点也不迷信，只不过有一点该死的这种情调罢了。所以我对你的爱不太像火，倒像烧红的石头呢。不过我太喜欢你了，太想爱护你了。你不知道我呢。我爱谁就觉得谁就是我本人，你能自由也就是我自由。不过我可不高兴你把我全忘了。这件事你可不能干。

　　下星期日我们到郊外去吧，去看看我的精神巢穴。在那儿你就知道我是一个什么样的穴居野人了。

　　说真的，我喜欢你的热情，你可以温暖我。我很讨厌我自己不温不凉地思虑过度，也许我是个坏人，不过我只要你吻我一下就会变好呢。

小波　11 月 5 日

孤独是丑的

你一来，我就决心正经地，不是马虎地生活下去，哪怕要费心费力呢，哪怕我去牺牲呢。

银河，你好：

你给我带来一个多么美好的东西，就是说，一个多么好的夜晚！

想你，想着呢。

你呀，又勾起我想起好多事情。我们生活的支点是什么？就是我们自己。自己要一个绝对美好的不同凡响的生活，一个绝对美好的不同凡响的意义。你让我想起光辉、希望、醉人的美好。今生今世永远爱美，爱迷人的美。任何不能令人满意的东西，不值得我们屈尊。

我不要孤独，孤独是丑的、令人作呕的、灰色的。我要和你相通、共存，还有你的温暖，都是最迷人的啊！可惜我不漂亮。可是我诚心诚意呢，好吗我？我会爱、入迷、微笑、陶醉。好吗我？

你真可爱，让人爱得要命。你一来，我就决心正经地，不是马虎地生活下去，哪怕要费心费力呢，哪怕我去牺牲呢。说傻话不解决问题。我知道为什么要爱，你也知道为什么了吧？我爱，好好爱，你也一样吧。（不一样也不要紧，别害怕，我不是大老虎。）

小波　12月1日晚

我要你，和我有宿缘的人

不一定要你爱我，但是我爱你，这是我的命运。

银河，你好：

上次给你写的信忘了发了，你别生气，我以为已经发了呢，结果还在我这儿。所以我还要给你写。

不知道你在干什么呢。我给你写信时又想抽烟。你知道一种习惯要是有了十年真不好克服。真的，我告诉你，我老是对自己做过的不满意。我们这种人的归宿不是在人们已知的领域里找得到的，是吗？谁也不能使我们满意，谁也不能使我们幸福，只有自己做出非凡的努力。还有我要你，和我有宿缘的人。不知为什么，我认定除了它，只有你是我真正要的。除了你们，对什么我都睁一只眼闭一只眼。真的，我要好好爱你，好好的。不一定要你爱我，但是我爱你，这是我的命运。

你看了《狐狸的故事》吗？伴奏的音乐是摇滚乐啊！就是硬壳虫音乐。我做梦也想不到呢。也许是有人胆子大，也许是大官们老杆得听不出来。总之，一件有趣的事。

小波　12月2日晚
（恐怕要3日发了）

没有你的生活

我没有像堂吉诃德一样用甜甜的相思来度过时间，我没有，我的时间全在沮丧中度过。

银河，你好：

我收到你的信了。可是我仍然闷闷不乐，只有等你回来（1978 年冬我在外地调查——李银河注）我才高兴呢。

你可要我告诉你我过的是什么生活？可以告诉你，过的是没有你的生活。这种生活可真难挨。北京天气很冷，有时候天阴沉沉的，好像要开始一场政治说教，真叫人腻歪。有时我沮丧得直想睡觉去。说实在的，我没有像堂吉诃德一样用甜甜的相思来度过时间，我没有，我的时间全在沮丧中度过。我很想你。

我好像在挨牙痛，有一种抑郁的心情我总不能驱散它。我很想用一长串排比句来说明我多么想要你。可是排比句是头脑浅薄的人所好，我不用这种东西，这种形式的东西我讨厌。我不用任何形式，我也不喜欢形容词。可以肯定说，我喜欢你，想你，要你。

总之，爱人和被人爱都是无限的。

你走了以后我写了几页最糟糕、顶顶要不得的东西，我真想烧了它。快考试了，没有时间再写啦。我写一个女孩子爱上一个男孩子之后想到："我要和他一起深入这个天地，一去再也不回来。"我总也写不好爱情，什么热烈和温情也到不了我的笔端，我实在是低能透啦。我觉得爱情里有无限多的喜悦，它使人在生命的道路上步伐坚定。

告诉你，我现在都嫉妒起别人的爱情来啦。我看到别人急急忙忙回家去找谁，或者看到别人在一起，心里就有一种不快，好像我被人遗弃了一样。吁，我好孤单！

小波

我就要放个震动北京城的大炮仗

我整天哭丧着脸，你要是回来我就高兴了。

银河，你好：

我现在忙着应付期中考试和等你回来。你在外面过得好吗？我梦见过你几次了。

北京好冷啊，还是南方暖和吧？我有点羡慕候鸟的生活：到了冬天就和你一起飞到南方去，飞到南太平洋的小岛上去。

我要是个作曲家，我现在的心境作起"葬礼进行曲"来才叫才思不绝呢。我整天哭丧着脸。

你要是回来我就高兴了，马上我就要放个震动北京城的大炮仗。

今天上课我听老师说，无锡是全中国农村收入最高的地方。哼，你们可算找了个好地方呢。小楼和雕花大床看见了不少吧？我猜你们到河南就该看见些不妙的事情了。

总有一天中国会在农村人口的大海里沉下去。现在有些青年有点冲动，就像沉船上的耗子，渴望变革，也是为了救自己和救大家。头头们很怒，希望大家在一艘沉船上做忠于职守的水手。唉，忠于职守也得淹死。人家说中国的生态平衡已经被彻底打乱，总有一天水里没有鱼烧饭没有柴土地全部盐碱化地上人揍人。总得有个变革才好。

银河，我猜这一切要到我们死后才发生呢。银河，我爱你。我们来过快乐的生活吧！银河，快回来。

小波

目空一切的那种爱

出于爱，人能干出透顶美好的事情，比木木痴痴的人胜过一万倍。

银河，你好：

你星期六就要回来了吧？那么说，只差两天了。啊，我盼望了

好久了！

你的信真好玩，你把所有的英文词都写错了。Bye -bye,fool，都不对，只有"党员"写对了，这件事真有趣。

银河，我离党的要求越来越远啦。真的，我简直成了个社会生活中的叛逆。怎么说呢？我越来越认为，平庸的生活、为社会扮演角色，把人都榨干了。我们做的每一件事都是尽义务，我们自己的价值标准也是被规定了的。做人的乐趣不是太可怜了吗？难怪有人情愿做一只疯狗呢。

最可憎的是人就此沉入一种麻木状态。既然你要做的一切都是别人做过一千万次的，那么这事还不令人作呕吗？比方说你我是二十六岁的男女，按照社会的需要二十六岁的男女应当如何如何，于是我们照此做去，一丝不苟。那么我们做人又有什么趣味？好像舔一只几千万人舔过的盘子，想想都令人作呕。

我现在一拿笔就想写人们的相爱——目空一切的那种相爱。可以说这样爱是反社会的。奥威尔说得不错，可是他的直觉有误，错到性欲上去了。总的来说，相爱是人"本身"的行为，我们只能从相爱上看出人们的本色，其他的都沉入一片灰蒙蒙。也许是因为我太低能，所以看不到。也许有一天我会明白人需要什么，也就是撇开灰色的社会生活（倒霉的机械重复，乏味透顶的干巴巴的人的干涉），也撇开对于神圣的虔诚，人能给自己建立什么生活。如果人到了不受限制的情境，一点也不考虑人们怎么看自己，你看看他能有多疯吧。我猜人能做到欢乐至极，这也看人的才能大小。出于爱，人能干出透顶美好的事情，比木木痴痴的人胜过一万倍。

我一想到你要回来就可高兴啦，我想你想得要命。现在可该结束了，就要和你在一起了。

我好久不写小说了，要考试呢。再说，我觉得这样危险——应当努力搞好斗批改，反对资产阶级思想。再这样下去要成了体系了，还不该枪毙？写得又很坏，没有才能——能力退化。全世界除了你没有一个人说好。

爱你。

小波

不写信了，等你回来和你说。

爱情真美

我现在就很高兴，因为你又好又喜欢我。

银河，你好：

我又来对你瞎扯一通了。我这么胡说八道你生气了吗？可是我真爱你，只要你乐意听，我就老说个不停，像不像个傻子？

真的，我那么爱你，你是个可爱的女孩子。男孩子们都喜欢女孩子，可是谁也没有我喜欢你这么厉害。我现在就很高兴，因为你又好又喜欢我，希望我高兴，有什么事情也喜欢说给我听。我和你就好像两个小孩子，围着一个神秘的果酱罐，一点一点地尝它，看看里面有多少甜。你干过偷果酱这样的事吗？我就干过，我猜你一定从来没干过，因为你乖。

只有一件事情不好。你见过我小时候的相片了吧？过去我就是他，现在我不是他了，将来势必变成老头。这就不好了。要是你爱我，老和我好，变成老头我也不怕。咱们先来吃果酱吧，吃完了两个人就更好了，好到难舍难分，一起去见鬼去。你怕吗？我就不怕，见鬼就见鬼。我和你好。

今天我累死啦！烦死啦！我整天在洗试管，洗烧杯，洗漏斗，洗该死的坛坛罐罐。我顶腻的就是这个，可是该死的老师还说洗得不干净，又重洗。他们还说，洗不干净实验做不成就是不及格，这可把我吓坏了。洗完我垂头丧气，好像做贼被抓一样不痛快。我多倒霉，上这个劳什子大学。更倒霉的是星期天和你出去又碰上了哭丧脸天气。我更倒霉的是一星期只能见你一次，其他时间只能和我不爱见的人在一起。

昨天我看见了好多情侣，我觉得很喜欢那些人。过去我在马路边看见别人依依不舍就觉得肉麻，现在我忏悔。居然我能到了敢在大街上接吻的地步，我很自豪。

爱情真美，倒霉的是咱们老不能爱个够。真不知我过去作过什么孽遭此重罚，因而连累了你。

真希望下个星期日早来，并且那一天春光明媚。

小波　3月5日

我厌恶模式化的生活

懒于改造世界的人多么勤于改造自己。

银河，你好：

　　看了你的信。你呀，总是疑神疑鬼的，甚至连太熟悉都害怕。有什么可怕呢？连我瞎编的故事都能让你不高兴，那我以后不讲故事给你听了。你知道故事千万不能是我们都熟悉的，要是那样就太没意思了。

后来你的那封信还挺有意思的。不过你的比拟太让我伤心：什么丧失了名誉的卡杰琳娜呀，马格特啊。你瞧，她们多么狭隘。你说，她们是不是除生活本身什么都没有的人？我总觉得她们不是太可钦佩的人。当然我很明白你的意思，你说得很对。我很知道摆在一个女孩子面前的道路忧患重重。我决不肯因为我的缘故使谁陷入可悲的境地，再说我自己对那种生活都丝毫没兴趣。

我知道你说的是要从那个可怕的、已经模式化的生活泥坑里爬出来，在那里人们的生殖细胞给他们造成了无穷的灾难。本来年轻人生就的飞毛腿是可以从上面跑过去的，不幸那些细胞给他们坠上几块大石头。总之，社会是不喜欢飞毛腿的，鬼知道他们要干什么。陷在坑里的要老实多了——不过你要知道为什么人要心甘情愿地把自己坠下去，这就是因为没什么好干的，给自己揽一桩活。我是绝对不爱这桩活的，我嫌它太脏，尽管我自己也不太爱干净。不过我觉得仅此还不够，要是光有这个不就成了无所事事的嬉皮士了？当然我什么人物也不是，那么我宁可当个嬉皮士，总之做好的圈套我是不跳的，我还有这一分狡猾。

我喜欢你不爱跳这个陷阱，这样你就和我相似了。不过还干什么呢？我有点希望你有事业。别当一个飞毛腿。不过你要当一个飞毛腿我也要当，我有点相信我能追上你。不过这样不如有桩别的事情干好。我还见过别的人声称两个人合搞什么事业，结果是搞到一起，劣根性上来了，于是滚到一个坑里去了。这是一种灾难，是不是？

对了，要说模式化的生活，我可真腻味它。见也见烦了，且不说它的苦处。中国人说苦处也就是乐处，这就可以说明有人为什么爱吃臭豆腐：他们都能从臭里体验出香来。这可以说明懒于改造世界的人多么勤于改造自己。我发誓：在改造自己以适应于社会之前非先明辨是非不可，虽然我不以为自己有资格可以为别人明辨是非。当然我净在胡扯，不过你总抱怨我不肯给你写。你知道写多了就不准是要紧的话，多写无非是可以让你解闷。我相信你不会怪我没正经。真的我爱你，我们不能老在一起说大道理，我们写着玩好吗？

接着说下去。人们懒于改造世界必然勤于改造自己，懒于改造生产方式。对了，懒于进行思想劳动必然勤于体力劳动，懒于创造性的思想活动必然勤于死记硬背，比方说，吃臭豆腐、大寨、大庆的齐莉莉。中国人对它们以及她诸多赞美正是香臭不知。比方说你我，绝不该为了中国人改造自己，否则太糊涂。比方说中国孩子太多，生孩子极吃苦头，但是人们为什么非生不可呢？我猜是因为：一、大家都生；二、怕老了；三、现在不生以后生不了。

关于第一点我们已经知道很荒唐。那么为什么怕老了呢？老了头脑发木，要是有孩子的精神力量来激发一下未必没有好处，不过那对孩子有什么好处吗？将来也不会有什么法律不准老人与年轻人往来。我顶顶喜欢的是自理生活，理成一塌糊涂也罢，万万不能有人来伺候，因为那样双方都很卑鄙。如果我将来老了退化得很卑鄙，那么现在的我绝不对将来的我负责。这样我就驳倒了前两项。如果我很相信我的反驳正确，第三项就不存在了。

可是我很喜欢你，爱你。男孩子只能爱女孩子，可这不是因为——该死，生殖细胞，而是因为她可爱，有很多非爱不可的地方。比方说你对于我，主要是因为你可爱。我从来没有在任何男人或女人中发现这么可爱的人。先写到这儿。

小波

我在家里爱你爱得要命

今天我生日，徒长一岁何乐之有？何况你又不在。

银河，你好：

　　星期五收到你的来信，今天才回信。我实在是太不地道了。

　　我们昨天考外语来着，顶糟的是我又生了病，我在实验室里一时发昏用移液管吹了氨溶液呛了一下，第二天就咳起来，还发一点烧。我这两天没抽烟。考试大概要不及格呢。

这两天我觉得极没劲，老想怪叫一声，好像疯子一样。今天我生日，徒长一岁何乐之有？何况你又不在。你一定要打听一下到怀柔的路怎么走，我好在下个礼拜天去找你。

怀柔真的那么好吗？（1979年我在北京怀柔学习日语，当时王小波在上大学——李银河注。）看起来你有点乐而忘返呢。昨天冷得很，我猜那里更甚。昨天我冻着了。你为什么只带那么少的衣服呢？我估计你够呛，但还不要紧的。

你好好用功吧，要是四十天真能学好日语那可太妙了。祝你成功。

我在家里爱你爱得要命。再有十三天你就该回来了。

小波 5 月 13 日

我好像害了牙痛

咱们应当在一起，否则就太伤天害理啦。

银河，你好：

　　我昨天给你写了一封信，后来又发现有不便邮寄的地方，我就把它团了。你回来我们再谈吧。

我告诉你我的生日是怎么度过的吧。我那天孤单极啦，差一点喝了敌敌畏。我心里很不受用，寂寞得好像大马路上的一棵歪脖子树。后来我和一个同学去喝了一点酒，以纪念我们赴云南十周年。好多不幸的回忆全回到我胸间，差一点把我噎死。晚上失眠得厉害，差一点想到怀柔去找你。我猜咱们俩有点"脑场"相互作用，我这几天学习效果极坏，显得十足低能，甚至想这一切有什么用！但愿你别和我一样。总之，我的情绪特别低落，特别需要你。

听说你要调成（那年我从国务院研究室调到中国社会科学院——李银河注）我可特别高兴，这真是好消息。我想起一句至理名言：闭起嘴被人当成傻瓜胜于张开嘴消除一切疑虑。就算世界上的人都认为你是傻瓜，反正我是不会的，我爱你。

我想到你就要回来，我特别高兴。我等得要暴跳起来了啊！我可不是愁容骑士，我一点也不会相思、叹息、吟诗、唱小夜曲。我只会像一头笼子里的狼一样焦急地走来走去，好像害了牙痛。天哪，这可一点诗意也没有。

你就要回来了，这一点太让我高兴了。咱们应当在一起，否则就太伤天害理啦。我可再没心思写散文诗了。你可知道这几天我顶顶难过？你好像随着时间的推移越来越近，这就使我越来越想采取一些行动加快这个过程。我顶受不了傻等了。

　　你要是回来了就马上来找我好吗？快快地。我爱你，爱得要命极啦。

小波　5月20日

夏天好吗

我喜欢夏天，夏天晚上睡得晚，可以和你在一起，只要你不腻的话。

银河，你好：

我在这里想你想得要命，你想我了吗？我觉得我们在一起过的这几天好得要命，就是可惜你老有事。星期天我又像个中了风的大胖子一样躺下了，这真不好，扫了你的兴。

我喜欢夏天，夏天晚上睡得晚，可以和你在一起，只要你不腻的话。我真希望你快点回来。等我考完了试，你又调成了工作，咱们就可以高兴地多在一起待一会儿，不必像过去一样啦！过去像什么呢？我就像一个小鬼，等着机会溜进深宅大院去幽会，你就像个大家闺秀被管得死死的——我是说你老在坐机关。你可别说我拉你后腿呀！咱们一定要学会在一起用功，像两个毛主席的好孩子——我们院过去有一个刷厕所的老头，有一天他问我厕所刷得白不白，我说白，他就说我是毛主席的好孩子，现在我还是呢。

说真的，希望你把日语学得棒棒的，你好好用功吧，我不打搅你。真的，你觉得我们在一起过得还好吗？夏天好吗？

麦子熟了，
天天都很热。
等到明天一早，
我就去收割。
我的爱情也成熟了，
很热的是我的心，

但愿你，亲爱的，
就是收割的人！

这诗怎么样？喜欢吗？猜得出是谁的诗吗？是个匈牙利人写的呢。还有一首译得很糟：

爱神，你干吗在这里，一手拿一只沙漏计时？
怎么，轻浮的神，你用两种方法计时？
这只慢的给分处两地的爱人们计时，
另一只漏得快的给相聚一地的爱人们计时。

这诗油腔滑调得不成个样子对不对？俗得好像姚文元写的呢。这可是诗哲歌德所作，亵渎不得。唉，说什么也是白搭，我还是耐心等你回来吧！

小波　5 月 27 日

他们的教条比斑马的还多

夏天来啦！你回来时我们去玩吧。

银河，你好：

　　给你写信。我在家里闷得很。不知你日语说得怎么样了。我衷心希望你回来时日语变得特别棒，和日本人一样，那时我就叫你李一郎。

　　我想起你近来遇到的事情就愤怒。真他 × 的，你真个碰上了食古不化冥顽不灵心怀恶意的一大群他 × 的老官僚啦！我说你的文章不过刮了他们的毛。真的你可别生气。你说社会封建主义还不太对题呢。咱们国家某些教条主义已经到了几乎无可救药的地步，从脑袋到下水全是教条，无可更改的教条，除了火葬场谁也活不了。他们的教条比斑马的还多，谁要改了他一条，比说他是婊子养的还让他生气。你呀，就成全了他们吧。怎么能想象教条主义者没有教条？他们全仗着教条支撑，性命系之。如果马克思在世，他们会为了他本人说过的几句话把他关进疯人院，如果他有不同的理解。他们老说这是命根子呢。

　　夏天来啦！你回来时我们去玩吧。

假如我像但丁或彼得拉那样口齿不灵

单单你的名字就够我爱一世的了。

银河，你好：

收到你的信了。知道你过得还好，我挺高兴。

我可是六神不安的，盼着你能早回来。你们到底几号能回来呢？

到底是 16 号呢还是 20 号？我以为这挺重要。过去我特别喜欢星期天，现在可是不喜欢了。

我在《德国诗选》里又发现一首好诗：

> 他爱在黑暗中漫游，黝黑的树荫
> 重重的树荫会冷却他的梦影。
> 可是他的心里却燃烧着一种愿望，
> 渴慕光明！渴慕光明！使他痛苦异常。
> 他不知道，在他头上，碧空晴朗，
> 充满了纯洁的银色的星光。

我特别喜欢这一首。也许我们能够发现星光灿烂，就在我们中间。我尤其喜欢"银色的星光"。多么好，而且容易联想到你的名字。你的名字美极了。真的，单单你的名字就够我爱一世的了。

我觉得我笨嘴笨舌不会讨你喜欢。就像马雅可夫斯基说的："假如我像但丁或彼得拉那样口齿不灵！"真的，如果我像但丁或者彼得拉，我和你单独在一起、悄悄在一起时，我就在你耳边，悄悄地念一首充满韵律的诗，好像你的名字一样充满星光的诗。要不就说一个梦，一个星光下的梦，一个美好的故事。可惜我说不好。我太笨啦！真的，我太不会讨你喜欢啦！我一定还要学会这个。我能行吗？也就是说，你对我有信心吗？我写的信好像污水坑上的算子，乱死了。说真的，你说我前边说的重要吗？

小波　6月6日

哑巴爱

你回来时我准比上次还爱你呢。

银河，你好：

你为什么不肯给我写信哪？难道非等接到我的信才肯写信吗？

那样就要等一个星期才能有一封信，你不觉得太长了吗？

我猜这封信到你手里恐怕要等不到你回信你就回来了。所以我也不能写些别的了。只能写爱你爱你爱你。你不在我多难过，好像旗杆上吊死的一只猫。猫在爱的时候怪叫，讨厌死啦！可是猫不管情人在哪儿都能找到它。但是如果被吊死在旗杆上它就不能了。我就像它。

我现在感到一种凄惨的情绪，非马上找到你不可，否则就要哭一场才痛快。你为什么不来呢？我现在爱你爱得要发狂。我简直说不出什么有意思的话，只是直着嗓子哀鸣。人干吗要说咱们整天待在一起不可思议？如果一天有四十八个小时，我恨不得四十九小时和你待在一块呢！告诉你，我现在的感觉就像得不到你的爱，就像一个刚刚懂事的孩子那种说不出口的哑巴爱一样，成天傻想。喂，你干什么呢？你回来时我准比上次还爱你呢。

我知道你害怕浪费时间。其实这不浪费。疯爱才不浪费时间呢，疯完了去干事，那才有效率呢。总比坐在这儿傻想、不振作好得多。我知道你就不大想我，就是在一起的时候，你也会为浪费时间追悔。当然你也觉得幸福，不过你挺沉得住气。你还能这么想，老这样不成，学业都荒废了。

不过我认为你爱我和我爱你一边深，不然我的深从哪儿来呢？

只不过我没出息，见不到你就难受极啦。

所以，希望你快回来，回来快来找我，早一分钟都好得不得了。

祝好!

此致

敬礼!

我爱你。

小波　6月9日

写在五线谱上的信

但愿我和你，是一支唱不完的歌。

银河：

你好！

做梦也想不到我把信写到五线谱上吧？五线谱是偶然来的，你也是偶然来的。不过我给你的信值得写在五线谱里呢。但愿我和你，是一支唱不完的歌。

谁也管不住我爱你，真的，谁管谁就真傻，我和你谁都管不住呢。你别怕，真的你谁也不要怕，最亲爱的好银河，要爱就爱个够吧，世界上没有比爱情更好的东西了。爱一回就够了，可以死了。什么也不需要了。这话傻不傻？我觉得我的话不能孤孤单单地写在这里，你要把你的信写在空白的地方。这可不是海誓山盟。海誓山盟是把现在的东西固定住。两个人都成了活化石。我们用不着它。我们要爱情长久。真的，它要长久我们就老在一块，不分开。你明白吗？你，你，真的，和你在一起就只知道有你了，没有我，有你，多快活！

我现在一想起有人写的爱情小说就觉得可怕极了。我决心不写爱情了。你看过缪塞的《提香的儿子》吗？提香的儿子给爱人画了一幅肖像，以后终身不作画了，他把画笔给了爱了。他做得对。噢，真的，我们为什么不早认识？那样我们到现在就已经爱了好多年。多么可惜啊！爱才没够呢。

傻子才以为过家家是爱情呢，世俗的心理真可怕。不听他们的，不听。不管天翻地覆也好，昏天黑地也好，我们到一起来寻找安谧。我觉得我提起笔来冥想的时候，还有坐在你面前的时候，都到了人所不知的世界。世界没有这个哪成呢？过去是没有它就活得没意思，现在没有你也没意思。

小波　星期一夜

也许我是个坏人，不过我只要你吻我一下就会变好呢。

我真希望变成和你一样的人，和你在一起。可是你不让！

我现在就很高兴，因为你又好又喜欢我。

真正的婚姻全是在天上缔结的。

永远"相思"你

王小波　李银河

我怕世俗那一套怕得要死

小波：

让我们爱个够，爱个够！但愿我和你是一支唱不完的歌！我看过一百本小说，也许还要多，但是这句话是我生平所见过的最美的一句。你的心是多么美呵，太美了。你给我带来了多么巨大的快乐和幸福。你为什么不写爱情呢？人生的全部的美都在这里呢，不写它写什么呢？爱把我们平淡的日子变成节日，把我们暗淡的生活照亮了，使它的颜色变得鲜明，使它的味道从一杯清淡的果汁变成浓烈的美酒。我们不该感谢它吗？不该为它歌唱吗？你这把钥匙就是开我这把锁的（或者反过来说）。我怕世俗那一套怕得要死，你比我一点不差。那就让我们一起远远地躲开它们，逃遁到我们那美好的、人所不知的世界里去吧。找我们的幸福，找我们的快乐，找我们灵魂的安谧，找我们生命的归宿。我们一起去找，找它一辈子，对吗？

星期四夜

爱情会妨碍我们两个吗

你真好，我真爱你。可惜我不是诗人，说不出再动人一点的话了。

银河，你好：

今天你就要来了吧？我等得太久了。

我很想天天看见你。真的，我们为什么不敢到一起来呢？我会妨碍你吗？你会妨碍我吗？爱情会妨碍我们两个吗？我们都不是神，不过这个问题我们一定能解决。只管爱吧好银河，什么事也不会有。

只要我们能在一起，我们什么都能找到。也许缺乏勇气是到达美好境界的障碍。你看我是多么适合你的人。我的勇气和你的勇气加起来，对付这个世界总够了吧？要无忧无虑地去抒情，去歌舞狂欢，去向世界发出我们的声音，我一个人是不敢的，我怕人家说我疯。有了你我就敢。只要有你一个，就不孤独！

你真好，我真爱你。可惜我不是诗人，说不出再动人一点的话了。

小波

用你的火来燃烧我

小波，你好：

　　我今天晚上难过极了，想哭，也不知是为什么，我常有这种不正常的心情，觉得异常地孤独。生活也许在沸腾着，翻着泡沫，但我却忽然觉得我完全在它之外，我真羡慕那些无忧无虑的、从不停歇地干下去的人。这个时候，谁也不能安慰我，也许连你也不能。就像那首诗说的，像在雾中一样。我可能有一个致命的缺点，生命力还不够强。我的灵魂缺燃料，它有时虽然能迸出火花，但是不能总是熊熊地燃烧。你的生命力比我强，我觉得你总是那么兴致勃勃的，就像居里说的，像一个飞转的陀螺。你该用你的速度来带动我，用你的火来燃烧我，用你的欢快的浪花把我从死水潭里带走。你会这样做吗？会吗？你一定会的。你应该这样做呀！为什么不给我打电话？难道你的热情已经过去了？

星期五晚

你孤独了

我老把和你在一起的时间当节日来度过，我看你也是。

银河，你好：

你那天是多么悲伤啊，为什么我不在你身边呢？你孤独了，孤独就是黑暗，黑暗中的寂寞，多么让人害怕啊。

你害怕雾吗？有一首诗，叫《雾中散步》。雾中散步，真正奇妙。谁都会有片刻的恍惚，觉得一切都走到了终结，也许再不能走下去了。其实我们的大限还远远没到呢。在大限到来之前，我们要把一切都做好，包括爱。这也是很重要的呀！爱你，真爱！

我老把和你在一起的时间当节日来度过，我看你也是。其实这也不对。我们应当把我们的生活交织起来。不光有节日，还有艰苦的工作日。你说对吗？也许我是胡说。

你真坏，又说我热情过去了。

小波　星期一

我心里充满柔情

小波，你好：

我那天一定使你十分失望，因为我说到生活有时没意思。这不是我这么大年龄的人应有的想法，但是我的确是这样想了。我常常觉得我的生命中缺乏一种深厚的动力。有时我可以十分努力，但动力往往是好胜心或虚荣心，比如：别人能做到的为什么我做不到？愿意听人称赞，等等。在一切顺利的时候，那动力就消失了。唉，我真是毫无办法。

我有时十分向往着美，一支美丽的曲子，一幅美丽的画。那天我无意中看到一本摄影集，全是美国的旷野、森林和小溪。我简直着了迷。我想象着咱们两人坐在那水边的石头上，旁边是一棵巨大的红枫，寂静，清新的空气，我好像真的呼吸到带着甜味的空气。唉，那里是多么美呵。陶醉，生命最美妙的一瞬就是陶醉。是吗？

十分想念你。非常非常想。回忆着上次见面。我心里充满柔情。

呵，我们的节日。

关于活力，我给你抄一段话看："在物质的固有的特性中，运动是第一个特性，而且是最重要的特性，这里所说的运动不仅仅是机械的和数学的运动，而且主要是物质的动力，生命力，张力，或者用雅格布·伯麦的术语来说，物质的'Qual（痛苦）'。"（注：Qual 是哲学上的双关语，按字面意思是苦闷，是一种促使采取某种行动的痛苦。——恩格斯）

生命力，张力，苦闷，促使采取行动的痛苦，这是物质所固有的。人是物质，所以有这种痛苦，对吗？愿我们的生命力永远旺盛，愿这永恒的痛苦常常来到我们心中，永远燃烧我们，刺痛我们。

小波：

你好。

你是我的天堂，可我是你的地狱。我给你带来了太多的痛苦和烦恼。我们的爱情虽然很甜，但也有太多的苦味。这都怪我，都怪我。我有时十分痛恨自己，觉得我是一个坏人。昨天你说，我们两个都是好人，是特别好的人，真是这样吗？有时我觉得我自己真不怎么样，真坏。你来救我吧，你是我的天使，你总是把最美好的感情给我，你真好。我愿意要，我永远要不够，因为我常常觉得自己是很贫乏的，有时甚至很空虚。记得你也说过："我要。"那么我也给，我也愿意给呵！我们的幸福呵，让它再浓烈些，再浓烈些吧！

我们常常把事情弄得太沉重了，咱们该轻松些，咱们应该像一对疯子那样歌舞狂欢，对吗？生活本来是很美好、很美好的呵！

我们可以拥有什么样的生活

小波：

　　你好。

　　我们能够幸福吗？能吗？这问题常常烦扰着我。你昨天的话使我似乎放心了。你是又聪明、又真挚的。你总是能为我们找到出路。但愿你永远能成功。

　　我抄给你 1 月 8 日的日记，那是我满怀着热望和一颗跳动的心，但是发现你竟没给我写，我看着自己那些热情的话像一张树叶扔在水面上并没有激起什么波纹，觉得羞耻，觉得自尊心受到损害时写的。

　　"我感到一阵失望，他这是怎么回事？难道他对我所有的也仅仅是那种动物式的感情？我真的爱他吗？我为什么那么容易动摇？我的心像一头不安的小鹿，总要跑掉，任何一点刺激，任何一点过失、松懈，都会使它脱缰而去，这怎么行呢？这样我们能够幸福吗？我应该告诉他。"

如果我伤了你的心，请你原谅我，因为我们过去说过，要把心中发生的一切告诉对方。否则，它就会变成一种潜伏的危机。

自从初恋之后，我好像违反一般规律般反而不懂得什么是爱了。你昨天说，要，就是爱。我相信你的话。我是一个内心时常会感到孤独的人，虽然我和朋友、家人亲密无间，但我仍旧常常感到可怕的孤独。我并不自命不凡，就像你也并不自命不凡一样。我也并不是很难了解的人。但是我觉得真正懂得我的只有你。我愿意爸爸妈妈都高兴，都满意，但是他们不高兴不满意我也会不顾一切的。我是一个自由人，谁也管不着。只要我们能够幸福。而这一点恰恰是我最担心的，我们能吗？能吗？我常常这样问自己。你那么热烈地爱我、想我，我也特别愿意投合你、满足你。我觉得能给你带来快乐，因为我，你能快乐，这是我最高兴的事，也是引以为自豪自慰的。一个给别人带来快乐的人是幸福的，你知道吗？我还常常想，为了你我想变得美一些，我希望你爱我的全部肉体，我愿意它因为你而变得美。我甚至问你喜欢不喜欢香味。我愿意变成你所希望的样子，希望给你一切。你懂得我说的话吗？我好像是在胡说八道，说胡话。我也希望你变得美，你知道吗？我做梦还梦见你变得很美呢。

我们可以拥有什么样的生活？对了，你说你和 ×× 他们都不是一路人，这我也有感觉，我喜欢的也许就是这个，我从那么多人里一下子就把你和他们区别开来（用我妈妈的话说：一头就扎在……）也许就因为这个呢。但是我不是觉得什么一路不一路，我觉得质量不同。如果说他们的心是黄铜（或银子），那么你是金子。你不应该把自己和他们相提并论。有时，对自己的才能不自觉、羞怯，会毁了自己、糟蹋了自己的。但是我觉得你不是很勤奋，韧性不太够，不知说得对不对。

　　你也希望变成我所希望的样子吗？你愿意吗？你是不爱改造的，我也不愿改造你，但是我希望你怎样，有时会告诉你的，你愿意听吗？

银河　1 月 9 日夜

爱可以把一切都容下

如果我的爱不能容下整个的你，算个什么爱！

银河，你好：

你责备我了。我觉得我近来是有点不像话，不过我总觉得是因为我忙。现在我知道我有点不好了。不，是有点坏。

不过你的责备也过重。真的，过重！你以后会知道的。为什么怀疑我？你不应该。从来我都是这样，有时候大大咧咧，有时候马马虎虎，不过你要因为这个否定我，我可就太冤了！不要"难道"！你说的事情根本没有。也许你在日记里都把我说成是个山羊了。

别怀疑我们会不会幸福。我来告诉你吧：我爱你爱得要命。我有时想起你就不能自已地狂喜，因为你是那样一个人。你也许不知人和人是多么不同：我哥哥说他是对一切充满了智慧的体系，不管是哲学体系还是数学体系，哪怕它已经过时，只要它深刻、周密，他对它们全有一种审美式的爱好。我也有一点。我也爱一切人类想出来的美好的东西，它们就像天外来客一样突然来到人间，有时候来龙去脉丝毫也没有呢。没有它们我们就太苦了。

可是你最可爱。我想过的东西你想都不想，可是你从本性里爱美，不想就知道。你心里还有很多感情的波澜，你呀，就像波涛上的一只白帆船。波涛下面是个谜，这个谜就是女性。我很爱这些！不管你是哭是笑我全喜欢你。

有时候你难过了，这时候我更爱你。只要你不拒绝，我就拥抱你，我会告诉你这是因为什么。就是我不知是为了什么。

我会告诉你爱，爱可以把一切都容下。如果我的爱不能容下整个的你，算个什么爱！也许你的爱也能容下整个的我吧？不管怎么说，你要我的爱就够了。

小波　1日

你的爱多么美

小波：

你好。

中国的春天来了。最近社会科学院要办一个刊物《中国社会科学》，听说要调李一哲等一大批年轻人，这多令人感到鼓舞呵。中国解放的步子终于迈起来了。你可以好好写、放开写了，再也不用去写那种像受了阉割一样的 ×××式的东西了，不用担心碰壁了。我们所热爱的一切美好的东西可以告诉人们了。

你的爱多么美，多么好。山羊是什么意思，我不懂，你不要说我不懂的话。你说对别的女孩是了解了以后就不喜欢了，我对别的男孩也是这样的。他们没有意思，很快就见了底，可你却不，因为你的心底有一个泉，是不是？它永不枯竭，永远不。

心里不安

小波：

你好！十分想念你。会议很忙，现在每天半天开会（理论务虚会——注），半天搞简报。以后全天开会，简报全靠业余搞，更要忙得一塌糊涂。

斗争很有意思，会上气氛活跃，听起来挺有趣，不觉枯燥。但是我们怎么办呢？毫无办法。

明天你要期末考试了，我祝你考得好。

在享受着种种"特权"的时候，容易慵懒怠惰，我的感觉不好，因为过的是和人们完全不同的生活。我常常想，什么时候全体中国人都能天天有热水洗澡，不用自己做饭，晚上有两个电影看？我这又是多愁善感吧？总之，心里不安，有点六神无主的。

过节我们放假，咱们好好玩，一定去玩。

银河　1 月 11 日

我记仇了

小波:

你好! 你说文章写得不好, 这是真的, 我们也很不满意, 可是你别忘了"新闻检查"呀! 我们只能一点点前进。这不过是铺路, 是给真正的好东西争取地盘。这样的东西拿出来是对不起人也对不起自己的。什么时候我们才能拿出一些无愧于人类智慧也无愧于自己的东西呢? 小波, 我对你寄予很大的希望, 因为你身上有一种十分可贵的品质, 就是"真"。用你的话讲也许是"认真"。有了这个就有可能取得真正的成绩, 而不是一时的虚荣。

一想起和你共同度过的时光, 我就觉得十分愉快, 我们是多么谈得来呵, 多么气味相投呵! 你也很喜欢跟我在一起吗? 我能给你带来快乐吗? 你给我摘了红叶, 你真好!

可是你不愿意提及我以前给你写的信, 我不对吗? 你对我一定很失望, 很失望, 是吗? 你不如有什么就对我直说, 不要不回答。

你有一次说，我们很不相同，你因为这不同而喜欢我，但怕我因为这个不喜欢你。我告诉你，我也是因为我们的不同才喜欢你的呀。我虽然常常从你那里听到异教邪说，但是我相信你有你的道理。比如苏联文学。我相信你是用你那一颗善感然而严格的心去体会的，你不会轻易说一个东西好，也不会在看到一个真正好的东西时说它不好。对文学来说，还有比这真挚地体验着感受着的心更权威的评论者吗？谁被这样的心鄙视，谁活该倒霉，它不配有更好的待遇。而对那些真正美好的东西，让我们轻轻地把它们捧在心头，让它们的存在给我们带来过节一样的快乐。像海涅的诗，像塔拉斯·布尔巴，像雨果的惊心动魄的人物。

　　好了，不跟你说话了，我记仇了。我星期一给你写的信你都不回。我记得我在信尾说：我们要占有世界上最美好的东西。可是你不理我，你不愿意听我说话。

13 日晚 9 点

你是多么傻呀

小波：

　　今天还是骑车去上学吗？淋湿了吧？你们真是太苦了，咱们国家真是太穷了。你不会病了吧。我想这时候你又会因为鞋都湿透了冷得发抖吧。你一点也不会照顾自己。你应该带一块干毛巾，一双鞋换上。你是多么傻呀。

14 日上午

133

我们不要大人

小波：

　　你好呵！今天你没看成电影，运气不好。它没有改期，中午一点小强去了，你看你运气多不好。那里面的男主角虽然一生功业卓著，但是我一定受不了那样的男人，太不平等了，大男子主义，女人在他眼里根本就不是同等的人，不过是自己事业的补充和灵魂休息的地方。我们绝不是那样的，对吗？我们互相尊重、爱慕，我们的灵魂交织在一起，我们共同来感受世界上的"美"，我们互相赠予"善"，我们也给别人美和善，我们爱同类，同情他们，为他们担忧，为他们歌唱，对吗？

　　对了，那天你说人应该有一分利他主义，这个我过去没想过，确实的，说真话，你的利他主义也许比我多，也就是说你比我更好，灵魂比我更美。我是一个更利己的灵魂，不，不是利己，是自我解放的，自由的，追求着自由，永远追求自由的灵魂。为了自由，我希望能做到那一步——什么都不顾。

世界已经开化到什么程度了，变成什么样了？在美国，男女之间的关系极为随便，因为已经没有任何经济关系可以严格约束人们的联系，像以前几个经济形态那样。没有什么财产可继承，可遗传。劳动，挣工资，一个人在世界上生活。据说宇宙中有几十亿个有人的星球，那儿有许多比我们的智能发展得高得多的生物，能够想象吗？我们的生命的本质是什么？张朗朗写了一只土拨鼠，它锲而不舍地掘进："我要用尽所有的生命之能画出一条自身存在的曲线。似乎我没有最终的目的，可是这曲线上的每一点都有我的汗水和思维的痕迹。挖下去，永不停息。也许什么也挖不着。可是一定可以挖到我自己。在挖的过程中，我找到了自身灵魂的轨道。"我们这些人莫不就是这个土拨鼠？我们用生命画出一条自身存在的曲线。可是要这条曲线做什么用呢？我想，人在温饱之后，要追求美，另外的确要有点利他主义，不然我们怎能有生活、工作的动力？我们该对人们有大的同情和爱，不然我们怎么生活？我觉得你心里是不缺乏这种同情和爱的，你的比我的还多。你自己不止一次讲到过你的这种爱，我为这个信赖你。

噢，刚才我说爱情，有时我心里错综复杂，一会儿觉得美国人那种自由的随便的随心所欲的关系非常好，一会儿又觉得钟情的热恋始终如一好。我真不知哪种更好。看来你是后一种，你说过不赞成没有责任感。不愿我忘掉你。我不会忘掉你，永远不会，怎么可能呢？故意忘也忘不掉的。你不要怕失去我，我很愿意和你在一起，但是要自由地和你在一起，你也保留你的自由权利吧。我看报看参考，越来越感到海誓山盟的时代过去了。如果没有感情我们就分离，我坚持这一点，不过我们可以约好互相安慰的义务，即一个人虽然已经不喜欢对方，但如果对方要求安慰，那个人有义务安慰对方，使这个人的心里好受一些，你同意吗？另外，我们不要大人，你的父母和我的父母，不论现在和将来，让我们把他们抛开，我们只是两个人，不是两家人，我们是两个在宇宙中游荡的灵魂，我们不愿孤独，走到一起来，别人与我们无关，好吗？

14 日夜

爱情是一种宿命的东西

　　我老觉得爱情奇怪，它是一种宿命的东西。对我来说，它的内容就是"碰上了，然后就爱上，然后一点办法也没有了"。它就是这样！

银河：

　　你好！我有点惭愧，把一把狗爪子字体撒在这里。

真的，我是有点懒，为什么不早给你写信呢？

你说的话是对的，但是有一点不对。为什么要看报看参考看时代呢？我觉得这些完全与我们无关。不光美国人怎么做与我们关系不大，就是中国人怎么做也不用去考虑他。你觉得什么好，那就那么办吧。我就讨厌在这个问题上参考别人。

海誓山盟，海誓山盟，这些别人的事情与我们无关。主要的是我对你的爱情。你想知道吗？这棵歪脖子树是怎么长着的。真的，我可不喜欢把它说成是花儿，这么说太大言不惭了。也许它会把我挂在上面呢。

我老觉得爱情奇怪，它是一种宿命的东西。对我来说，它的内容就是"碰上了，然后就爱上，然后一点办法也没有了"。它就是这样！爱上，还非要人家也来爱不可。否则不叫爱，要它也没有意思。海誓山盟有什么用？我要的不就是我爱了人家人家也爱我吗？我爱海誓山盟拉来的一个人吗？不呢，爱一个爱我的人，就这样。

我总觉得爱情神秘。不，我对你什么要求也没有，什么要求也没有，只要你来看我。我也不知道为什么。你愿意要什么，就给什么。你知道吗？要，对我来说，就是给啊。你要什么就是给我什么。随你吧。

我是一个很有点反常的人呢。你不知道吧，我很愿意很愿意随和你呢。你不懂吧。我早就对你说过，我很爱嘲弄人，和别人老不能真心相处。我的朋友们之间都有一点心照不宣的东西，就是别人不告诉的东西也不打听，各自保守各人秘密。只有你，我不知为什么特别愿意随你的意。对于我和你，你要什么都是好的，我再也不想出什么主意了。

还有呢，关于两家人你说得对。这才对呢。这个主意我特别喜欢。别让他们闹到我家里来，我也不到你家里去。我上次听说你家里的人要往我家里写信，把我气疯了。我心里出现了一个很恶毒的主意，就是那信来了就把它抄成大字报，请过路人评评它有什么道理。当然那是一时愤怒。

上次行了一次骗，骗你上我这儿来，恐怕再不能取信于你了。那一天特别想看见你，你要不来我就像害牙疼一样难熬呢。我一下午都在编谎，后来编了一个关于法治的所谓想法，要你来讨论。不过你来了之后我可慌了，因为我说不出个道道来。你知道吗？我这人政治水平低，上政治课我睡得脖子都痛了。我能和你讨论什么政治吗？可是我居然能编出一些话来说，你说，这是不是我的胜利？也许是爱情的胜利？我现在沾沾自喜，告诉你也不怕，你来罚我也不怕，我太得意了。告诉你，那五页备忘录全是我星期三下午编出来的，还装着上星期就在酝酿的想法呢，还装着有所发现呢。

你要知道，有时想你想得发疯呢。我不愿意等星期天，写信也是望梅止渴，我只好骗你来了。我也不愿意上门房找你，在门房里见面，那不是探监吗？

明天又能看见你，我很高兴，这样不用骗人了。我发誓不再骗人了。不过上次在那个地方我找你找到你妈了，好似一盆冷水呢。你不知道我那天满心以为又能见到你了，结果使我觉得好似上了当，第二天打电话时心里一肚子火呢，你听出来没有？

我这屋真冷，我手虽不抖，身上抖了。不行，我得睡了，再写下去你就不认得了。

小波

爱也许是神秘的想象力的发作

小波：

你好！

你现在干什么呢？作业做完了，该看看小说了。又抽烟了吗？我看你不要"限烟"，干脆戒了吧。我听说有一个人戒烟不到一个月长了六斤体重，你信不信？别抽了。

你前边说到爱的神秘性，有时我心里很恐怖地想：爱也许是人对自己的一种欺骗，是一种奇异的想象力造出来的幻影。你的想象力强，所以总在我的周围看到一层光环，其实呢？那光芒并不存在。我怕你早晚会看到这一点，变得冷漠。爱也许就是这样一种神秘的想象力的发作，它会过去。人在最初的神秘感过去之后，会发现一个完全不同的世界，你以为神秘感会永远跟着你吗？它一旦过去，爱就会终结，是吗？多可怕。那次（初恋）我多么疯狂，我的想象力的发作把他完全变了一个样，后来那爱过去了，他失去了所有的光彩，变得多么平常，平淡无奇。最近我又有机会见到了他，我冷漠地看着他时，心里不禁对自己当初的爱十分十分惊异，我使劲回味着当时的心情，那到底是怎么回事呢？同一个人为什么在我心里是完全两样的？我怎么也弄不明白，那时我一听到他的声音心里就发抖，真的发抖，可现在一切都变得那么干脆，一点也不剩了。这究竟是怎么回事？谁能够解释？

昨天舒伯特音乐会听了吗？一个男声独唱那几首情歌还不错，只记得其中一首总是说"我的心，我的心"，听了吗？

我的心情十分平静、柔和，家里似乎改变了什么方针，谁都不当面追问我去哪儿了，妈妈也不那么气急败坏的了。我们手拉着手，继续往前走吧！

我们创了纪录

我的好朋友：

　　你好呵。这两天过得怎么样？又研究你的伦理学了吗？这一星期我们不能见面了，今晚有人找我（从山西来）。我们创了纪录——一星期不见的纪录。你感觉怎样？受得了吗？连我都快受不了了。让不断的思念把我们的火持续地烧下去吧。

　　　　　　　　　　　　　　　　　　　　　　　　银河

永远“相思”你

你要是愿意，我就永远爱你，你要不愿意，我就永远相思。

银河：

你好！我想我不能同意你关于爱的神秘性的解释。不对，你说得不对。

我想，人的生活其实是平淡无奇的。也许，我们都能做一次浪漫的梦是一种天赋人权吧？总之，你说是梦也好，它总是好的，比平淡无奇好得多。谁说是欺骗呢？

我天生不喜欢枯燥的一切，简直不能理解人们总爱把有趣的事情弄得干巴起来。我要活化生活，真的，活化它。要活就活一个够。干什么要把什么事情都弄到一个死气沉沉的轨道里呢，好朋友？干什么你要总结什么是爱呢？你说那些可怕的话是吓唬我吧？

我想你不会错得特别多的。就是说，也许他也曾经被爱情活化了吧？也许是后来才像大多数别人一样，沦入了死气沉沉的轨道？我这么说别人该下地狱。

你呀，你太该过一种真正幸福的生活了：一切都让它变幻无穷，不让它死气沉沉。我也许算不上一个好人，但是就是我死也要把你举高一点呢。就是你将来看我像你现在看他一样我也高兴，这说明你又长高了。说实话我对你将来如何看我一点也不在乎，总之现在我们要好，对吗？对了对了，你千万别以为我多心了，就是说有什么不光彩的联想，我是顺嘴说说。你们家不和你闹摩擦这是多么好的消息！你可以少受磨难了。我知道你是妈妈爸爸的好孩子，他们这么说你就更不该了。说实在的，我很为此不高兴呢。

我哪有工夫研究伦理学呢，作业都做不完。我发现我对付需要耐性的功课很吃力，不由得想去写小说。天！我的胡思乱想的能力都快枯竭了。

你们要写观念现代化的文章，我这会儿真的很想早点看到呢。我希望那样能把那些很不现代化的观念干掉。比方说，必须彻底把一些语录消除掉，什么闲时吃稀忙时吃干，还要杂以饲料之类，还想着这个搞他 × 的什么现代化！还有好多呢，这些话全过时了，根本就不该记得它。

对了对了，还有一个现代化的观念，要我来说哇我就这么说（不过人家不会准我说）：人人家里就是要有洗衣机、电冰箱，就是要有私人汽车。总之，人家有的就是要有，肩扛人驮就是原始，原始就是可耻，这个可耻就是有多革命也是可耻。

……

我特别相信你。世界上好人不少，不过你是最重要的一个。你要是愿意，我就永远爱你；你要不愿意，我就永远相思。对了，永远"相思"你。

小波

我们凭什么

小波，你好：

　　看了你的信。你是我的光明，我的快乐，我的幸福。我们谁也不会妨碍对方，只会互相带来人生最宝贵的礼物。生活是有趣的，它绝不能变得死气沉沉。你说，我们将来也会把它弄成死气沉沉的吗？我在人群中看来看去，只有你有最大的可能性使我得到永远不枯燥的生活。你天生不喜欢枯燥，我也是呀。我真是怕它怕得要命呢。你千万别说什么你的想象力要枯竭了这一类话，不，你不会，你不是要永远"吱吱作响"吗？你不是要使我们的生活变幻无穷吗？如果我们的精神枯竭了，我们的生活变得枯燥，那不如立刻去死了的好。

　　你否认爱是人的自我欺骗，你说即使是梦也是好的，那我们就一起来做梦吧。我们生活在梦中，让生活变得像梦那么美，那么变幻无穷。但是我仍要让你想一下，并且回答我：这梦真能做一辈子吗？它会不会醒？醒来又怎么办？我们凭什么比其他和我们一样的人幸福，能一辈子生活在这美好的诗一般的梦里呢？我不是跟你说着玩，我是真不知道我们凭什么，而且对于将来的变化不敢想象。

星期日夜

我愿做你的菩提树

别怕美好的一切消失，咱们先来让它存在。

银河，你好：

看了你的信。我来回答你的问题吧！

真的，也许梦是做不了一辈子，那就让它成为真的好了！我和你就要努力进取，永不休止。对事业是这样，对美也是这样。有限的一切都不能让人满足，向无限进军中才能让人满足。无限不可能枯燥啊，好银河。永远会有新东西在我们面前出现的。哥伦布发现了新大陆，哥白尼又发现了新宇宙，这是一条光荣的荆棘路。

美是无穷的，可怜的就是人的生命、人的活力却是有穷的。可惜我看不到无穷的一切。但是我知道它存在，我向往它。我会老也会死，势必有一天我也会衰老得无力进取。可是我不怕。在什么事物消失之前，我们先要让它存在啊。我记得有这么一支歌："在门前清泉旁边，有一棵菩提树，在它的树荫下面，我做过甜蜜的梦……在它的树荫下面，我做过甜蜜的梦，无论是欢乐和悲伤，我总到那里去。"我愿做你的菩提树，你也来做我的吧。

别怕美好的一切消失，咱们先来让它存在。还有一个美好的东西不会消失，就是菩提树。真希望你是我的菩提树，我愿做你的菩提树。你知道歌里是怎么唱吗？"如今我远离故乡，已经有许多年，我仍然听到呼唤，到这里寻找安谧。灵魂是活生生的，它的安慰才能使人满足。"

还有凭什么：凭着满心的热望，凭着活力。我不是说着玩的。

小波

150

自从我认识了你，所有的人都黯然失色

小波，好朋友，你好：

我今天又病了，又感冒了，才好了没几天，今天我很不舒服。以后咱们真的再也不能在野外过星期天了，要不我非一星期病一次不可。

自从我认识了你，我觉得所有的人都黯然失色，再也没有谁比你更好了，我的菩提树！现在七点半，我忘了告诉你，以后你不应七点半给我打电话，因为我们这儿有一个男孩好像每天也是这个时候给他的女友打电话，说起来没个完。

"无论是欢乐和悲伤，我总到那里去。"是呵，我的心总向往你，特别是在悲伤的时候。你的心太让我感动了。真的永远有新东西在前面吗？我说过了，我的活力不够，这一点从第一天见到你时我就看出来了：你的生命的活力在吸引我，我不由自主地要到你那里去，

151

因为你那里有生活，有创造，有不竭的火，有不尽的源泉。我们一起请求上帝，愿它永远不要枯竭吧！

星期一晚

我最近很堕落

小波：

看了你的小说。这个比那个写得好，觉得更亲切些。只有一处觉得不太对劲。女孩说：过奖过奖。照我的看法、感觉，女孩好像不会这样说话。我的感觉也不一定对。我觉得这是男孩的口气。

你说到理想主义，好呵，我们应该是这样的。我最近很堕落，很俗气，尽跟你说什么家呀，妈妈呀，你应该提醒我，不该说这些话。人要想去追求理想的生活也很不容易呢。我们应该互相鼓励，互相提醒，不要迁就，免得糟蹋了我们最宝贵的东西。写到这里我很难过，我并不是如你想的那样美好。我忽然想起最近看到的一张照片，是最近那艘大油轮触礁后污染的海面上，一只海鸟全身沾了黑色的黏稠的油，正绝望地扇着翅膀。听说这样死了很多鸟。我现在好像这只翅膀上沾上油的水鸟，在拼命挣扎，想超脱出去。让我们一起扇起翅膀飞吧！飞向我们理想的蓝天，自由自在的，不管别人是赞美也好，议论也好，嘲笑也好，我们只管向前飞。理想，呵，理想。它是什么？它在哪儿？我想一定是在天上，所以我们要使劲扇起翅膀，飞向它，对吗？不然我们就会掉下来，摔进泥沼，对吗？

　　小波，你以为你找到了一个好朋友，可是你想到了吗？也许你为之要付出太多的代价，其中最主要的是：你将永远失去你的安静。我不会让你安静的，因为我是一个十分不安静的、过于敏感甚至有点神经质的灵魂。我最害怕冷漠，哪怕有一点点，你就会失去我。我一点也受不了冷漠，真的。你能永远像现在这样热烈甚至还要超过它吗？你能永远满足我的"要"吗？你说过：要，对我来说，就是给。你能永远这样想吗？而且我还很爱妒忌，我甚至妒忌你小说里的女主角和那个被迷恋过的小女孩。我是不是很可笑？简直有点变态心理。你受得了吗？听人家说，女人的妒忌是美德，是吗？那证明我很爱你，不愿意你的感情被别的什么分去。不过你别听我的，好好写下去吧，好好写吧。

银河　28 日夜

你知道你有多好吗

　　头疼，什么也干不下去，想和你说话。你知道吗？我常常想全心全意地爱上一个人，然后就把我的一切献给他。真的，我有这么一种欲望。但是有一个条件，就是这个人必须值得我爱。而你，你！我早就觉得，你这样的心灵是应该得到一切的，我的好人儿！你知道你有多好吗？你知道你自己的价值吗？就像我不知道我自己一样，你多半也不知道你自己。记得那是我们认识之初，有一次你对我说：有的人，是无价之宝。我是多么感动呵。对了，我常常这样想，谁把我放在心里的这种位置上，我才能把自己的一切给他。不能给一个不咸不淡的人，不能给一个不冷不热的人，不能给一个不死不活的人，因为他不配，他根本不配。我要爱，就要爱得热烈，爱得甜蜜，爱得永远爱不够。我凭什么要求这样的爱呢？因为我要使他得到一切，我要把我的全部身心、全部热情、全部灵魂，连带它的一切情绪，一切细微的变化、活动、感触，它的一切甜蜜、悲伤、绝望、挣扎、叹息，它的全部温柔、善良，它的全部高尚、渺小、优点、缺点都给他，还有我的愿望、幻想，一切一切。我幸福地忆起你过去说过的：你喜欢我的心灵的一举一动。真的，你真的觉得它很有意思吗？它能给你带来快乐吗？其实它不是也很贫乏、很普通吗？唉，人生呵，人生呵。是不是有人说过人生是宇宙的逆旅？我们走呵，走呵，不停地走，也不知要到哪儿去，去做什么。

那次你一个劲地对我说：你一点也不古板，不古板。好像是一个什么新发现似的，我心里真得意。我高兴让你发现我是一个你所希望的人，而且比你想的还要好，让你得到意外的惊喜，让你意外地感到我们是多么一致，多么和谐。我们俩就是一首和谐的唱不完的歌。什么时候我们的歌停止了，世界都会变得暗淡，没有了生气，你说是不是？那时候，世界就会像一支变了调的糟糕的曲子，你说是不是？

我可能真是病了，说了许多胡话，你可能早就不耐烦了。我不说了。今天我看到巴金写的一篇回忆文章，上边说四川人喜欢说话（他说他自己除外）。你是一半血统的四川人，所以你能写小说，能对人们滔滔不绝地讲些美妙的事情。你还问我你是不是干这个的材料呢，听听巴金的说法吧！

好了，好了，再见，明天再给你写。很想星期三去见你，但是又怕感冒不好。生老病死呵，哪一样也逃不过去。佛教的真经。

星期一夜

以后不写就不跟你好了

你好呵：

今天我还得提前睡觉，现在差五分十一点，别的屋子全都灯火通明，夜猫子们都在拼命用功，可是我得睡了，要不然感冒好不了。我祝你考试考得好！你就不像我，天天给你写信。现在你考试，原谅你，以后可不行。以后不写就不跟你好了。

星期二夜

"多产的作家"

小波，你好：

　　今天是我的连续三天紧张工作日的开始。我接到了一个紧急的任务。我的精神已处于动员状态。在这个时候，我好像忽然变得不再多愁善感，头脑也比平时清醒一些。林春今天对我说，她有一种预感，说我将来会是个"多产的作家"，因为我写得快，又爱写，总看见我在写。殊不知我是在给你写信呢！她要是知道了这个……

　　想来你现在又在背你的英语课文吧。我真为你难过，老得受"汉译英"那种活罪。你什么时候才能出这个地狱呵？我要是俾德丽采就好了，我就把你从这儿引出来。可惜不行，还得靠你自己在那里熬炼。

星期三

上帝救救她吧

小波：

　　你真了不起，考了九十七分，在我做了几道因式分解做不出来时，就益发觉得你数学能得九十七分简直不可思议。我在最近写的一篇文章里还劝过别人要学自然科学呢，可是我自己却退化到了这种程度。

　　今天中午，我们这儿一个新来的女孩（二十五岁）抱着报纸上一篇介绍"新型"婆媳关系的文章使劲研究，并且说人家在催她结婚了，可是她不愿意，因为她的"婆家"关系十分复杂，她很害怕处不好，等等。报上那篇文章则是说"媳妇"（我真恨透了这个词）如何爱干家务事，把一家大大小小、哥哥妹妹之类照顾得多么周到。我觉得真要命，真讨厌得要命。这真是亵渎。难道一切美好的诗一样的东西都非得淹在这些粪便里面吗？上帝救救她吧！

星期四

你也这样想我吗

小波：

　　我非常非常地想你，特别是在紧张工作的间歇。我觉得这世界上好像除了你和工作，什么都不存在了。你也这样想我吗？

爱情，爱情，灿烂如云

不管我本人多么平庸，我总觉得对你的爱很美。

银河，你好：

你真好，给我写了那么多信。七封信呢。这多好哇！

冬天真可恨，把咱们弄得流离失所。让它快点过去吧！该死的天，还下起雪来了。冬天太可恨了。

春天来了就好了。春天来了咱们一起去玩去。记得老歌德的《五月之歌》吗？爱情，爱情，灿烂如云……咱们约好了吧，春天一起去玩。我不太喜欢山，我喜欢广阔的田野、树林和河。咱们一定去吧。

你说我太爱说，真的，我很有一点惭愧，我真是废话太多。不过我太爱你，我能不说吗？真的，我除了乱扯一通什么也不会，只好傻说了。我应当会写诗，写好多美丽的诗给你，可是我这笨蛋，我就不会把话说得响亮。我要是会了这个，再加上会把话说得精练，我就会写诗了。不管我本人多么平庸，我总觉得对你的爱很美。

我真喜欢你的一举一动，多愁善感也喜欢。我总觉得你的心灵里有一种稚气得让人疼爱的模样，我这么说你不生气吧？不过我不怕你生气，我也不和你见外。不管你怎么想我都这么说。我也不老成，疯起来我也和傻小子一样。只要你别趁我疯起来欺负我就成了。

你说我上学苦，真的，真苦。什么时候我们可以自由自在地爱就好了。我不爱让人知道我是怎么想的，不过我永远不怕对任何人承认我爱你。爱呀，写呀，自由自在，可以自由自在地在一起。然后就是让我再和你分开，你到红墙后面，我去上学，咱们各做各的苦工，互相思念。一年有这么一个月就好！

小波

静下来想你，觉得一切都美好得不可思议

一想到你，我这张丑脸上就泛起微笑。

银河，你好：

我越来越觉得冬天简直是我们的活灾星。你都不知道我多么希望你明天来看我。可是天多冷啊！路多难走哇！你怎么能来呢？

千万不要来。

　　静下来想你，觉得一切都美好得不可思议。以前我不知道爱情这么美好。爱到深处这么美好。真不想让任何人来管我们。谁也管不着，和谁都无关。告诉你，一想到你，我这张丑脸上就泛起微笑。还有在我安静的时候，你就从我内心深处浮现，就好像阿佛罗蒂从浪花里浮现一样。你别笑，这个比喻太陈腐了，可是你也知道了吧？亲爱的，你在这里呢。

　　你瞧，你从我内心深处经常出现，给我带来幸福，还有什么离间得了我们？咱们可不会变成火炉边的两个傻瓜。别人也许会诧异咱们的幸福和他们的不一样，可那与我们有何相干？他们的我们不要，我们的他们也不知道。

　　你要我多给你写，可是我写得总不如你好，上气不接下气的。不过上气不接下气的也不要紧，是给你的，是要你知道这颗心怎么跳。难道我还不能信赖你吗？难道对你还要像对社会一样藏起缺点抖擞精神吗？人对自己有时恍惚一点，大大咧咧，自己喜欢自己随便一点。你也对我随便好了。主要是信赖啊！将来啊，我们要是兴致都高涨就一起出去疯跑，你兴致不高就来吧：哭也好，说也好，懒也好，我都喜欢你。有时候我也会没精打采，那时候不许你欺负我！不过我反正不怕你笑话。

小波　星期二

我面对的是怎样一颗心呵

小波：

　　你好！

　　我今天看了一个非常可怕的故事，叫作《伤心咖啡馆之歌》，是美国的一个女作家写的。我从来没见过这么可怕、这么让人难受的东西。据说它是要说明：人的心灵是不能沟通的，人类只能生活在精神孤立的境况中。他们的生活离我们毕竟是太远了，我们从理智上也许能够理解这种东西，但是从感情上却不能，实在是不懂，太可怕了。看这种东西就像喝毒药，人会变得孤寂、冷漠。

　　你为什么老说我欺负你呢？自从我生到这世界上来，我的心灵受到过很好的爱抚，后来也遭到过残酷的蹂躏，它布满伤痕，不要说欺负人，它连怎样反抗别人的欺凌还没学会呢。在学校，在兵团，我多次受过极不公平的待遇，现在想起来仍很痛苦，而且我面对的是怎样一颗心呵，是你的呵。那么善良，那么真挚。

星期一

爱情从来不说对不起

小波，你好：

　　你一定在等我吧？天气实在太冷了，我不去你不会怪我吧？本来还想从你那里回家，可是家里打电话说暖气坏了好几天，爸爸妈妈姐姐都感冒了，我也没法回去了。只好给你写信。你说得对，冬天真是我们的大灾星，要不我早就跑到你那儿去了。你不能埋怨我呀！有人说：爱情从来不说对不起，也不说谢谢，你说是吗？原因就在于信任。一般人都能做到，更何况我们呢？你我之间能够做到不后悔已经发生过的一切和不强求还没有发生的一切吗？我愿意这样。我们高高兴兴地自自然然地往前走，对吗？我们永远互相信任，永远不互相猜忌，不埋怨，好吗？但是我们互相之间有什么疑虑、不愉快、痛苦，都对对方倾诉，毫无保留，好吗？你愿意这样做吗？哪怕是厌倦、烦闷，感到平淡、无新鲜感之类也不必隐瞒，全讲出来，好吗？你愿意吗？好了，你同意了，那么我们这就来试验：你把今天晚上你的一切念头都告诉我，毫无保留地，不论什么样的，凡是在你脑子里出现过的，能做到吗？

　　　　　　　　　　　　　　　　银河　星期三晚

169

如果我的爱不能容下整个的你，算个什么爱！

我老把和你在一起的时间当节日来度过，我看你也是。

别怕美好的一切消失，咱们先来让它存在。

李银河

浪漫骑士·行吟诗人·自由思想者——悼王小波

日本人爱把人生喻为樱花，盛开了，很短暂，然后就凋谢了。小波的生命就像樱花，盛开了，很短暂，然后就溘然凋谢了。

三岛由纪夫在《天人五衰》中写过一个轮回的生命，每到十八岁就死去，投胎到另一个生命里。这样，人就永远活在他最美好的日子里。他不用等到牙齿掉了、头发白了、人变丑了，就悄然逝去。小波就是这样，在他精神之美的巅峰期与世长辞。

我只能这样想，才能压制我对他的哀思。

在我心目中，小波是一位浪漫骑士，一位行吟诗人，一位自由思想者。

小波这个人非常地浪漫。我认识他之初，他就爱自称为"愁容骑士"，这是堂吉诃德的别号。小波生性相当抑郁，抑郁既是他的性格，也是他的生存方式；而同时，他又非常非常地浪漫。我是在1977年初与他相识的。在见到他这个人之前，先从朋友那里看到了他手写的小说。小说写在一个很大的本子上。那时他的文笔还很稚嫩，但是一种掩不住的才气已经跳动在字里行间。我当时一读之下，就有一种心弦被拨动的感觉，心想：这个人和我早晚会有点什么关系。我想这大概就是中国人所说的缘分吧。我第一次和他单独见面是在光明日报社，那时我大学刚毕业，在那儿当个小编辑。我们聊了没多久，他突然问："你有朋友没有？"我当时正好没朋友，就如实相告。他单刀直入地问了一句："你看我怎么样？"我当时的震惊和意外可想而知。他就是这么浪漫、率情率性。后来我们就开始通信和交往。他把情书写在五线谱上，他的第一句话是这样写的："做梦也想不到我把信写到五线谱上吧？五线谱是偶然来的，你也是偶然来的。不过我给你的信值得写在五线谱里呢。但愿我和你，是一支唱不完的歌。"我不相信世界上有任何一个女人能够抵挡如此的诗意、如此的纯情。被爱已经是一个女人最大的幸福，而这种幸福与得到一种浪漫的骑士之爱相比又逊色许多。

我们俩都不是什么美男美女，可是心灵和智力上有种难以言传的吸引力。我起初怀疑，一对不美的人的恋爱能是美的吗？后来的事实证明，两颗相爱的心在一起可以是美的。我们爱得那么深。他说过的一些话我总是忘不了。比如他说："我和你就好像两个小孩子,围着一个神秘的果酱罐,一点一点地尝它,看看里面有多少甜。"那种天真无邪和纯真诗意令我感动不已。再如他有一次说:"我发现有的女人是无价之宝。"他这个"无价之宝"让我感动极了。这不是一般的甜言蜜语。如果一个男人真的把你看作是无价之宝,你能不爱他吗?

我有时常常自问,我究竟有何德何能,上帝会给我小波这样一件美好的礼物呢?去年我去英国,在机场临别时,我们虽然不敢太放肆,在公众场合接吻,但他用劲搂了我肩膀一下作为道别,那种真情流露是世间任何事都不可比拟的。我万万没有想到,这一别竟是永别。他转身向外走时,我看着他高大的背影,在那儿默默流了一会儿泪,没想到这就是他给我留下的最后一个背影。

小波虽然不写诗,只写小说随笔,但是他喜欢把自己称为诗人,行吟诗人。其实他喜欢韵律,有学过诗的人说,他的小说你仔细看,好多地方有韵。我记忆中小波的小说中唯一写过的一行诗是在《三十而立》里:"走在寂静里,走在天上,而阴茎倒挂下来。"我认为写得很不错。这诗原来还有很多行,被他画掉了,只保留了发表的这一句。小波虽然以写小说和随笔为主,但在我心中他是一个真正的诗人。他的身上充满诗意,他的生命就是一首诗。

恋爱时他告诉我，十六岁时他在云南，常常在夜里爬起来，借着月光用蓝墨水笔在一面镜子上写呀写，写了涂，涂了写，直到整面镜子变成蓝色。从那时起，那个充满诗意的少年、云南山寨中皎洁的月光和那面涂成蓝色的镜子，就深深地印在了我的脑海中。

从我的鉴赏力看，小波的小说文学价值很高。他的《黄金时代》和《未来世界》两次获联合报文学大奖，他的唯一一部电影剧本《东宫·西宫》获阿根廷国际电影节最佳编剧奖，并成为1997年戛纳国际电影节入围作品，使小波成为在国际电影节为中国拿到最佳编剧奖的第一人，这些可以算作对他的文学价值的客观评价。他的《黄金时代》在大陆出版后，很多人都极喜欢。有人甚至说：王小波是当今中国小说第一人，如果诺贝尔文学奖将来有中国人能得，小波就是一个有这种潜力的人。我不认为这是溢美之辞。虽然也许其中有我特别偏爱的成分。

小波的文学眼光极高，他很少夸别人的东西。我听他夸过的人有马克·吐温和萧伯纳。这两位都以幽默睿智著称。他喜欢的作家还有法国的新小说派，杜拉斯、图尼埃尔、尤瑟纳尔、卡尔维诺和伯尔。他特别不喜欢托尔斯泰，大概觉得他的古典现实主义太乏味，尤其受不了他的宗教说教。小波是个完全彻底的异教徒，他喜欢所有有趣的、飞扬的东西，他的文学就是想超越平淡乏味的现实生活。他特别反对车尔尼雪夫斯基的"真即是美"的文学理论，并且持完全相反的看法。他认为真实的不可能是美的，只有创造出来的东西和想象力的世界才可能是美的。所以他最不喜欢现实主义，不论是所谓社会主义现实主义还是古典的现实主义。他有很多文论都精辟之至，平常聊天时说出来，我一听老要接一句："不行，我得把你这个文论记下来。"可是由于懒惰从来没真记下来过，这将是我终生的遗憾。

小波的文字极有特色。就像帕瓦罗蒂一张嘴，不用报名，你就知道这是帕瓦罗蒂，胡里奥一唱你就知道是胡里奥一样，小波的文字也是这样，你一看就知道出自他的手笔。台湾李敖说过，他是中国白话文第一把手，不知道他看了王小波的文字还会不会这么说。真的，我就是这么想的。

有人说，在我们这样的社会中，只出理论家、权威理论的阐释者和意识形态专家，不出思想家；而在我看来，小波是一个例外，他是一位自由思想家。自由人文主义的立场贯穿在他的整个人格和思想之中。读过他文章的人可能会发现，他特别爱引证罗素，这就是所谓的气味相投吧。他特别崇尚宽容、理性和人的良知，反对一切霸道的、不讲理的、教条主义的东西。我对他的思路老有一种特别意外的惊喜的感觉。这就是因为我们长这么大，满耳听的不是些陈词滥调，就是些蠢话傻话，而小波的思路却总是那么清新。这是一个他最让人感到神秘的地方。我分析这和他家庭受过冤枉的遭遇有关。这一遭遇使他从很小就学着用自己的判断力来找寻真理，他就找到了自由人文主义，并终身保持着对自由和理性的信念。不少人可能看过他写的《沉默的大多数》，里面写到"文革"武斗双方有一方的人咬下了另一方人的耳朵，但是他最终也没有把那耳朵咽下去，而是吐了出来。小波由此所得的结论极为深刻：有一些基本的原则即使是在那么疯狂的年代也是难以违背的，比如说不能吃人。这就是人类希望之所在。小波就是从他的自由人文主义立场上得出这个结论的。

　　小波在一篇小说里说：人就像一本书，你要挑一本好看的书来看。我觉得我生命中最大的收获和幸运就是，我挑了小波这本书来看。我从1977年认识他到1997年与他永别，这二十年间我看到了一本最美好、最有趣、最好看的书。作为他的妻子，我曾经是世界上最幸福的人；失去了他，我现在是世界上最痛苦的人。小波，你太残酷了，你潇洒地走了，把无尽的痛苦留给我们这些活着的人。

虽然后面的篇章再也看不到了,但是我还会反反复复地看这二十年。这二十年永远活在我心里。我觉得,小波也会通过他留下的作品活在许多人的心里。樱花虽然凋谢了,但它毕竟灿烂地盛开过。

我想在小波的墓碑上写上司汤达的墓志铭(这也是小波喜欢的):生活过,写作过,爱过。也许再加上一行:骑士,诗人,自由思想家。

我最最亲爱的小波,再见,我们来世再见。到那时我们就可以在一起一百年,一千年,一万年,再也不分开了!

李银河

我们
曾经拥有

1988 年，我们面临回国与否的抉择。我们的家庭从 1980 年结婚时起就一直是个"两人世界"（我们是自愿不育者），所以我们所面临的选择就仅仅是我们两个人今后生活方式的选择，剔除了一切其他因素。

　　这个选择并不容易，我们反复讨论，权衡利弊，以便做出理性的选择，免得后悔。当时考虑的几个主要方面是：

　　第一，我是搞社会学研究的，我真正关心和感兴趣的是中国社会，研究起来会有更大的乐趣。美国的社会并不能真正引起我的兴趣，硬要去研究它也不是不可以，但热情就低了许多。小波是写小说的，要用母语，而脱离开他所要描写的社会和文化，必定会有一种"拔根"的感觉，对写作产生难以预料的负面影响。

　　第二，我们两人对物质生活质量要求都不太高。如果比较中美的生活质量，美国当然要好得多，但是仅从吃穿住用的质量看，两边相差并不太大，最大的遗憾是文化娱乐方面差别较大。我们在美国有线电视中每晚可以看两个电影，还可以到商店去租大量的录像带，而回国就丧失了这种娱乐。我们只好自我安慰道：娱乐的诱惑少些，可以多做些事，也未尝不是好事。

第三，我们担心在美国要为生计奔忙，回国这个问题可以一劳永逸地解决。如果一个人要花精力在生计上，那就不能保证他一定能做他真正想做的事。也就是说，他就不是一个自由人。在中国，我们的相对社会地位会高于在美国，而最可宝贵的是，我们可以自由地随心所欲地做自己真正想做的事：这对于我来说就是搞社会学研究，对于小波来说就是写小说。除了这两件事，任何其他的工作都难免会为我们带来异化的感觉。

回国已近十年，我们俩从没有后悔当初的选择。除了我们俩合著的《他们的世界——中国男同性恋群落透视》之外，我已经出版了《生育与中国村落文化》《中国女性的感情与性》等七八本专著和译著；小波则经历了他短暂的生命中最丰盛的创作期，他不仅完成了他一生最重要的文学作品"时代三部曲"（《黄金时代》《白银时代》《青铜时代》），成为唯一一位两次获联合报中篇小说大奖的大陆作家，而且写出了大量的杂文随笔，以他独特的思维方式和写作风格在中国文坛上独树一帜。他生前创作的唯一一个电影剧本《东宫·西宫》获得了阿根廷国际电影节的最佳编剧奖，并成为1997 年戛纳电影节入围作品，使小波成为在国际电影节上为中国拿到最佳编剧奖的第一人。

回国后最好的感觉当然还是回家的感觉。在美国，国家是人家的国家，文化是人家的文化，喜怒哀乐好像都和自己隔了一层。美国人当老大当惯了，对别的民族和别的国家难免兴趣索然，有的年轻人竟然能够问出中国的大陆面积大还是中国的台湾面积大这样无知的问题。回国后，国家是自己的国家，文化是自己的文化，做起事来有种如鱼得水的感觉。在中国，有些事让人看了欢欣鼓舞，也有些事让人看了着急生气，但无论是高兴还是着急都是由衷的，像自己的家事一样切近，没有了在国外隔靴搔痒的感觉。尤其是小波近几年在报纸杂志上写的文章，有人看了击节赞赏，有人看了气急败坏，这种反应能给一位作者所带来的快乐是难以形容的。

小波是个有大智慧的人。他为之开过专栏的《三联生活周刊》的负责人朱伟先生说，人们还远未认识到小波作品的文化意义。小波的文章中有一种传统写作中十分罕见的自由度，看了没有紧张感，反而有一种飞翔的感觉。他的反讽风格实在是大手笔，而且是从骨子里出来的，同他的个性、生活经历连在一起，不是别人想学就能学得来的。小波去世后，他开过专栏的《南方周末》收到很多读者来信，对不能再读到他的文章扼腕叹息。甚至有读者为最后看他一眼从广州专程坐火车赶到北京参加他的遗体告别仪式。看到有这么多朋友和知音真正喜欢他的作品，我想小波的在天之灵应当是快乐的。

虽然小波出人意料地、过早地离开了我，但是回忆我们从相识到相爱到永别的二十年，我没有什么可抱怨的：我们曾经拥有幸福，拥有爱，拥有成功，拥有快乐的生活。

记得那一年暑假，我们从匹兹堡出发，经中南部的70号公路驾车横穿美国，一路上走走停停，用了十天时间才到达西海岸，粗犷壮丽的大峡谷留下了我们的足迹；然后我们又从北部的90号公路返回东部，在黄石公园、"老忠实"喷泉前流连忘返。一路上，我们或者住汽车旅馆，或者在营地扎帐篷，饱览了美国绚丽的自然风光和大城小镇的生活，感到心旷神怡。

记得那年我们自费去欧洲游览，把伦敦的大本钟、巴黎铁塔和卢浮宫、罗马竞技场、比萨斜塔、佛罗伦萨的街头雕塑、梵蒂冈的圣彼得大教堂、尼斯的裸体海滩、蒙特卡洛的赌场、威尼斯的水乡风光一一摄入镜头。虽然在意大利碰到小偷，损失惨重，但也没有降低我们的兴致。在桑塔路其亚，我们专门租船下海，就是为了亲身体验一下那首著名民歌的情调。

记得我们回国后共同游览过的雁荡山、泰山、北戴河，还有我们常常去散步和作倾心之谈的颐和园、玲珑园、紫竹院、玉渊潭……樱花盛开的时节，花丛中有我们相依相恋的身影。我们的生活平静而充实，共处二十年，竟从未有过沉闷厌倦的感觉。平常懒得做饭时，就去下小饭馆；到了节假日，同亲朋好友欢聚畅谈，其乐也融融。

生活是多么美好，活着是多么好啊。小波，你怎么能忍心就这么去了呢？我想，唯一可以告慰他的是：我们曾经拥有这一切。

李银河

《绿毛水怪》和
我们的爱情

最近，一帮年轻时代的好友约我出去散心，其中一位告诉我，小波的《绿毛水怪》在他那里。我真是喜出望外：它竟然还在！我原以为已经永远失去了它。

《绿水毛怪》是我和小波的媒人。第一次看到它是在一位我们共同的朋友那里。这是一部小说的手稿。小说写在一个有漂亮封面的横格本上，字迹密密麻麻，左右都不留空白。小说写的是一对情窦初开的少男少女的恋情。虽然它还相当幼稚，但是其中有什么东西却深深地拨动了我的心弦。

小说中有一段陈辉（男主人公）和妖妖（女主人公）谈诗的情节：

白天下了一场雨。可是晚上又很冷。没有风。结果是起了雨雾。天黑得很早。沿街楼房的窗口喷着一团团白色的光。大街上，水银灯在半天织起了冲天的白雾。人、汽车隐隐约约地出现和消失。我们走到10路汽车站旁。几盏昏暗的路灯下，人们就像在水底一样。我们无言地走着，妖妖忽然问我：

"你看这个夜雾，我们怎么形容它呢？"我鬼使神差地作起诗来，并且马上念出来。要知道我过去根本不认为自己有一点作诗的天分。

我说："妖妖，你看那水银灯的灯光像什么？大团的蒲公英浮在街道的河流上，吞吐着柔软的针一样的光。"妖妖说："好，那么我们在人行道上走呢？这昏黄的路灯呢？"

我抬头看看路灯，它把昏黄的灯光隔着蒙蒙的雾气一直投向地面。

我说："我们好像在池塘的水底，从一个月亮走向另一个月亮。"

妖妖忽然大惊小怪地叫起来："陈辉，你是诗人呢！"

从这几句诗中，小波的诗人天分已经显露出来。虽然他后来很少写诗，更多的是写小说和杂文，但他是有诗人的气质和才能的。然而，当时使我爱上他的也许不是他写诗的才能，而更多的是他身上的诗意。

小说中另一个让我感到诧异和惊恐的细节是小说主人公热爱的一本书——陀思妥耶夫斯基的一本不大知名的书《涅朵奇卡·涅茨瓦诺娃》。小波在小说中写道："我看了这本书，而且终生记住了前半部。我到现在还认为这是一本最好的书，顶得上大部头的名著。

我觉得人们应该为了它永远纪念陀思妥耶夫斯基。"在我看到《绿毛水怪》之前，刚好看过这本书，印象极为深刻，而且一直觉得这是我内心的秘密。没想到竟在小波的小说中看到了如此相似的感觉，当时就有一种内心秘密被人看穿之感。小波在小说中写道（男主人公第一人称）：

> 我当然是坚决地认为妖妖就是——卡加郡主，我的最亲密的朋友。唯一的遗憾是她不是个小男孩。我跟妖妖说了，她反而抱怨我不是个小女孩。可是结果是我们认为我们是朋友，并且永远是朋友。

关于陀思妥耶夫斯基的那本小说我如今已记忆模糊，只记得其中有这样一个情节：卡加郡主和涅朵奇卡接吻，把嘴唇都吻肿了。这是一个关于两个情窦初开的小女孩热烈纯洁的恋情的故事。我看到小波对这本书的反应之后，心中暗想：这是一个和我心灵相通的人，我和这个人之间早晚会发生点什么事情。我的这个直觉没有错，后来我们俩认识之后，心灵果然十分投契。这就是我把《绿水毛怪》视为我们的媒人的原因。

在小波过世之后，我又重读这篇小说，当看到妖妖因为在长时间等不到陈辉之后蹈海而死的情节时，禁不住泪流满面。

> （陈辉站在海边，大海）浩瀚无际，广大的蔚蓝色一片，直到和天空的蔚蓝联合在一起。我看着它，我的朋友葬身大海，想着它多大呀，无穷无尽的大；多深哪，我经常假想站在海底，看着头上茫茫的一片波浪，像银子一样。
>
> 我甚至微微有一点高兴：妖妖倒找到一个不错的葬身之所！我还有一些非非之想，觉得她若有灵魂的话，在海里一定是幸福的。

我现在想，我的小波就像妖妖一样，他也许在海里，也许在天上，无论他在哪里，我知道他是幸福的。他的一生虽然短暂，也不乏艰辛，但他的生命是美好的。他经历了爱情、创造、亲密无间和不计利益得失的夫妻关系，他死后人们对他天才的发现、承认、赞美和惊叹。我对他的感情是无价的，他对我的感情也是无价的。世上没有任何尺度可以衡量我们的情感。从《绿毛水怪》开始，他拥有我，我拥有他。在他一生最重要的时间，他的爱都只给了我一个人。我这一生仅仅因为得到了他的爱就足够了，无论我又遇到什么样的痛苦磨难，小波从年轻时代起就给了我这份至死不渝的爱就是我最好的报酬。我不需要任何别的东西了。

塘的水底，

月亮。

绿毛水怪

王小波

一、人妖

"我与那个杨素瑶的相识还要上溯到十二年以前。"老陈从嘴上取下烟斗,在一团朦胧的烟雾里看着我。

这时候我们正一同坐在公园的长椅上:"我可以把这段经历完全告诉你,因为你是我唯一的朋友,除了那个现在在太平洋海底的她。我敢凭良心保证,这是真的;当然了,信不信还是由你。"老陈在我的脸上发现了一个怀疑的微笑,就这样添上一句说。

十二年前,我是一个五年级的小学生。我可以毫不吹牛地说,我在当初有被认为是超人的聪明,因为可以毫不费力看出同班同学都在想什么,就是心底最细微的思想。因此,我经常惹得那帮孩子笑。我经常把老师最宠爱的学生心里那些不好见人的小小的虚荣、嫉妒统统揭发出来，弄得他们求死不得，因此老师们很恨我。就是老师们的念头也常常被我发现。可是我蠢得很，从不给他们留面子，都告诉了别人，可是别人就把我出卖了，所以老师都说我"复杂"，这真是一个可怕的形容词！在一般同学之中，我也不得人心。你看看我这副尊容，当年在小学生中间这张脸也很个别，所以我在同学中有一外号叫"怪物"。

好，在小学的一班学生之中，有了一个"怪物"就够了吧，但是事情偏不如此。班上还有个女生，也是一样的精灵古怪，因为她太精，她妈管她叫"人妖"。这个称呼就被同学当作她的外号了。当然了，一般来说，叫一个女生的外号是很下流的。因此她的外号就变成了一个不算难听的昵称"妖妖"。这样就被叫开了，她自己也不很反感。喂，你不要笑，我知道你现在一定猜出了她就是那个水怪杨素瑶。你千万不要以为我会给你讲一个杜撰的故事，说她天天夜里骑着笤帚上天。这样的事情是不会有的，而我给你讲的是一件真事呢。

我记得有那么一天，班上来了一位新老师，原来我们的班主任孙老师升了教导主任了，我们都在感谢上苍：老天有眼，把我们从一位阎王爷手底下救出来了。我真想带头三呼万岁！孙老师长了一副晦气脸，四年级刚到我们班来上课时，大家都认为他是特务！也有人说他过去一定当过汉奸。这就是电影和小人书教给我们评判好赖人的方法，凭相貌取人。后来知道，他虽然并非特务和汉奸，却是一位地地道道的土匪，粗野得要命。"你没完成作业？为什么没完成！"照你肚子就捅上一指头！他还敢损你、骂你，就是骂你不骂你们家，免得家里人来找。你哭了吗？把你带到办公室让你洗了脸再走，免得到家泪痕让人看见。他还敢揪女生的小辫往外拽。谁都怕他，包括家长在内。他也会笼络人，也有一群好学生当他的爪牙。好家伙，简直建立了一个班级地狱！

可是他终于离开我们班了。我们当时是小孩，否则真要酌酒庆贺。新来了一位刘老师，第一天上课大家都断定她一定是个好人，又和气，相貌又温柔。美中不足就是她和孙主任（现在升主任了）太亲热，简直不同一般。同学们欢庆自己走了大运，结果那堂课就不免上得非常之坏。大家在互相说话，谁也没想提高嗓门，但渐渐地不提高嗓门对方就听不见了。于是大家就渐渐感觉到胸口痛，嗓子痛，耳朵里面嗡嗡嗡。至于刘老师说了些什么，大家全都没有印象。到了最后下课铃响了，我们才发现：刘老师已经哭得满脸通红。

于是第二节课大家先是安静了一会儿，然后课堂里又乱起来。可是我再也没有跟着乱，可以说是很遵守课堂纪律。我觉得同学们都很卑鄙，软的欺侮，硬的怕。至于我嘛，我是个男子汉大丈夫，我不干那些卑鄙的勾当。

下了课，我看见刘老师到教导处去了。我感到很好奇，就走到教导处门口去偷听。我听见孙主任在问："小刘，这节课怎么样？"

"不行，主任。还是乱哄哄的，根本没法上。"

"那你就不上，先把纪律整顿好再说！""不行啊，我怎么说他们也不听！""你揪两个到前面去！"

"我一到跟前他们就老实了。哎呀，这个课那么难教……"

"别怕，哎呀，你哭什么，用不着哭，我下节课到窗口听听，找几个替你治一治。谁闹得最厉害？谁听课比较好？""都闹得厉害！就是陈辉和杨素瑶还没有跟着起哄。"

"啊，你别叫他们骗了，那两个最复杂！估计背地里捣鬼的就是他们！你别怕……今天晚上我有两张体育馆的球票，你去吗？……"我听得怒火中烧，姓孙的，你平白无故地污蔑老子！好，你等着瞧！

好，第三节课又乱了堂。我根本就没听，眼睛直盯着窗外。不一会儿就看见窗台上露出一个脑瓢，一圈头发。孙主任来了。他偷听了半天，猛地把头从窗户里伸上来，大叫："刘小军！张明！陈辉！杨素瑶！到教导处去！"

刘小军和张明吓得面如土色。可是我坦然地站起来。看看妖妖，她从铅笔盒里还抓了两根铅笔，拿了小刀。我们一起来到办公室。孙主任先把刘小军和张明叫上前一顿臭骂，外加一顿小动作："啊，骨头就是那么贱？就是要欺负新老师吗？啊，我问你呢……"然后他俩抹着泪走了。孙主任又叫我们："陈辉，杨素瑶！你到这儿来削铅笔来了吗？你知道我为什么叫你来？"

妖妖收起铅笔，严肃地说："知道，孙主任，因为我们两个复杂！"

"哈哈！知道就好。小学生那么复杂干什么？你们在课堂里起什么好作用了吗？啊？！"

"没有。"妖妖很坦然地说。我又加上一句："不过也没起什么坏作用。"

"啊，说你们复杂你们就是复杂，在这里还一唱一和的哪……"我气疯了。孙主任真是个恶棍，他知道怎么最能伤儿童的心。我看见刘老师进来了，更是火上添油，就是为了你孙魔鬼才找上我！我猛地冒了一句："没你复杂！""什么，你说什么！说清楚点！！""没你复杂，拉着新老师上体育馆！"

"呃！"孙主任差点噎死，"完啦，你这人完啦！你脑子盛的都是些什么？道德、品质问题！走走走，小刘，咱们去吃饭，让这两个在这里考虑考虑！"

孙主任和刘老师走了，还把门上了锁，把我们关在屋里。妖妖噘着嘴坐在桌子上削铅笔，好好的铅笔被削去多半截。我站在那儿发呆，直到两腿发麻，心说这个娄子捅大了，姓孙的一定去找我妈。我听着挂钟"咯噔咯噔"地响，肚子里也咕噜咕噜地叫。哎呀，早上就没吃饱，饿死啦！忽然妖妖对我说：你顶他干吗？白吃苦。好，他们吃饭去了，把咱们俩关在这里挨饿！"

我很抱歉："你饿吗？""哼！你就不饿吗？"

"我还好。""别装啦。你饿得前心贴后心！你刚才理他干吗？"

"啊，你受不了了吗？那你刚才为什么不说'孙主任，我错了'！"

"你怎么说这个！你你你！！"她气得眼圈发红。我很惭愧。

但是也很佩服妖妖。她比我还"复杂"。

我朝她低下头，默默地认了错。我们两个就好一阵没有再说话。

过了一会儿，肚子饿得难受，妖妖禁不住又开口了："哎呀，孙主任还不回来！"

"你放心，他们才不着急回来呢。就是回来，也得训你到一点半。"我真不枉了被叫作怪物，对他们的坏心思猜得一点不错。

妖妖点点头承认了我的判断。然后说："哎呀，十二点四十五了！要是开着门，我早就溜了！我才不在这里挨饿呢！"

我忽然饿急生智，说："听着，妖妖。他们成心饿我们，咱们为什么不跑？""怎么跑哇？能跑我早跑了。""从窗户哇，拔开插销就出去了。外面一个人也没有。"

说得好。我们爬上了窗户，踏着孙主任桌子上的书拔开了插销，跳下去，一直溜出校门口没碰上人，可是心跳得厉害，真有一种做贼的甜蜜。可是在街上碰上一大群老师从街道食堂回来，有校长、孙主任、刘老师，还有别的一大群老师。

孙主任一看见我们就瞪大了眼睛说："谁把你们放出来的？"我上前一步说："孙主任，我们跳窗户跑的。我饿着呢。都一点了，早上也没吃饱。"妖妖说："等我们吃饱了您再训我们吧。"

老师们都笑得前仰后合。校长上来问："孙主任为什么留你们？""不为什么。班上上刘老师的课很乱，可是我们可没闹，但是孙老师说我们'复杂'，让我们考虑考虑。"老师们又笑了个半死。校长忍不住笑说："就为这个吗？你们一点错也没有？"

妖妖说："还有就是陈辉说孙主任和刘老师比我们还复杂。""哈哈哈……"校长差点笑死了，孙主任和刘老师脸都紫了。校长说："好了好了，你们回去吃饭吧，下午到校长室来一下。"

我们就是这样成了朋友，在此之前可说是从来没说过话呢。

我鼓了两掌说："好，老陈，你编得好。再编下去！"老陈猛地对我瞪起眼睛，大声斥道："喂，老王，你再这么说我就跟你翻脸！我给你讲的是我一生最大的隐秘和痛苦，你还要讥笑我！唉，我为什么要跟你讲这个，真见鬼！心灵不想沉默下去，可是又对谁诉说！你要答应闭嘴，我就把这件事情原原本本地告诉你。" 你听着，当天中午我回到家里，门已经锁上了。妈妈大概是认为我在外面玩疯了，决心要饿我一顿。

她锁了门去上班，连钥匙也没给我留下，我在门前犹豫了一下，然后坚决地走开了。我才不像那些平庸的孩子似的。在门口站着，好像饿狗看着空盘一样，我敢说像我这般年纪，十个孩子遇上这种事，九个会站在门口发傻。

好啦，我空着肚子在街上走。哎呀，肚子饿得真难受。在孩子的肚子里，饥饿的感觉要痛切得多。我现在还能记得哪，好像有多少个无形的牙齿在咬啮我的胃。我看见街上有几个小饭馆，兜里也有几毛钱。可是那年头，没有粮票光有钱，只能饿死。

我正饥肠辘辘在街上走，猛然听见有人在身边问我："你这么快就吃完饭了吗？"我把头抬起来一看，正是妖妖。她满心快活的样子，正说明她没把中午挨了一顿训放在心上，而且刚刚吃了一顿称心如意的午饭。我说："吃了，吃了一顿闭门羹！"你别笑，老王。我从四年级开始，说起话来有些同学就听不懂了。经常一句话出来，"其中有不解语"，然后就解释，大家依然不懂，最后我自己也糊涂了。就是这样。

然后妖妖就问我："那么你没吃中午饭吧？啊，肚子里有什么感觉？"老王，你想想，哪儿见过这么卑鄙的人？她还是个五年级小学生呢！我气坏了："啊啊，肚子里的感觉就是我想把你吃了！"

可是她哈哈大笑，说："你别生气，我是想叫你到我家吃饭呢。"

我一听慌了，坚决拒绝说："不去不去，我等着晚上吃吧。"

"你别怕，我们家里没有人。""不不不！那也不成！""哎，你不饿吗？我家真的一个人也没有呢。"

我有点动心了。肚子实在太饿了，到晚饭时还有六个钟头呢。尤其是晚饭前准得训我，饿着肚子挨训那可太难受啦。当然我那时很不习惯吃人家东西，可是到了这步田地也只好接受了。

我跟着她走进了一个院子，拐了几个弯之后，终于到了后院，原来她家住在一座楼里。我站在黑洞洞的楼道里听着她哗啦啦地掏钥匙真是羡慕，因为我没有钥匙，我妈不在家都进不了门。好，她开了门，还对我说了声"请进"。

可是她们家里多干净啊。一般来说，小学生刚到别人家里是很拘谨的，好像桌椅板凳都会咬他一口。

可是她家里就很让我放心。没有那种古老的红木立柜，阴沉沉的硬木桌椅，那些古旧的东西是最让小学生骇然的。它们好像老是板着脸，好像对我们发出无声的呵斥："小崽子，你给我老实点！"

可是她家里没有那种倚老卖老的东西。甚至新家具也不多。两间大房间空旷得很。大窗户采光很多，四壁白墙在发着光。天花板也离我们很远。

她领我走进里间屋，替我拉开一张折叠椅子，让我在小圆桌前坐下。她铺开桌布——啊啊，没有桌布——老王，你笑什么！然后从一个小得不得了的碗橱往外拿饭，拿菜，一碟一碟——老王，你又笑！

她们家是上海人！十一粒花生米也盛了一碟；我当时数了，一个碟子就是只有十一粒花生米。其他像两块咸鱼，几块豆腐干，几根炒青菜之类，浩浩荡荡地摆了一桌子，其实用一个大盘子就能把全部内容盛下。然后她又从一个广口保温瓶里倒出一大碗菜汤，最后给我盛了一碗冷米饭。她说："饭凉了，不过我想汤还是热的。""对对，很热很热。"我口齿不清地回答，因为嘴里塞了很多东西。

她看见我没命地朝嘴里塞东西就不逗我说话了，坐在床上玩弄辫子。后来干脆躺下了，抄起一本书在那里看。

过了不到三分钟，我把米饭吃光了，又喝了大半碗汤。她抬起头一看就叫起来："陈辉，你快再喝一碗汤，不然你会肚子痛的！"

我说："没事，我平时吃饭就是这么快。""不行，你还是喝一碗吧。啊,汤凉了,那你就喝开水!"她十万火急地跳起来给我倒开水。我一面说没事,一面还是拿起碗来接开水,因为肚子已经在发痛了。

在我慢慢喝开水的时候,她就坐在床上跟我胡聊起来。我们甚至说自己的父母凶不凶。你知道,就是在小孩子中间,这也是最隐秘、最少谈到的话题。 忽然我看到窗户跟前有个闹钟,吓得一下跳起来:"哎呀,快三点了!"

可是妖妖毫不惊慌地说:"你慌什么?等会儿咱们直接去校长室,就说是回家家里现做的饭。"

"那他还会说我们的!""不会了,你这人好笨哪!孙主任留咱们到一点多对吗?学校理亏呢。校长准不敢再提这个事。"

我一想就又放下心来:真的,没什么。孙主任中午留我们到一点多真的理亏呢。可是我就没想到。不过还是该早点去。我说:"咱们现在快去吧。"

妖妖无可奈何地站起来:"其实根本不用怕。陈辉,你怕校长找你吗?""我不怕。我觉得,怎么也不会比孙主任更厉害。""我也不怕,我觉得,咱们根本没犯什么错。咱们有理。"我心里说真对呀，咱们有理。后来我们一起出来上学校。走在路上，妖妖忽然很神秘地说："喂，陈辉，我告诉你一句话。"

"什么呀？"喂,老王,你这家伙简直不是人！你听着,她说:"我觉得大人都很坏,可是净在小孩面前装好人。他们都板着脸,训你呀,骂你呀。你觉得小孩都比大人坏吗？"我说我决不这样以为。

"对了。小孩比大人好得多。你看孙主任说咱们复杂,咱们有他复杂吗？你揪过女孩的小辫子吗？

"他要是看见你饿了,他会难受吗？哼,我说是不会。"

我说："不过,咱们班同学欺负刘老师也很不好,干吗软的欺负硬的怕呢？"

"咱们班的同学,哼！都挺没出息的,不过还是比孙主任好。刘老师也不是好人,孙主任把咱们俩关起来,她说不对了吗？"我不得不承认刘老师也算不上一个好人。

"对了,他们都是那样,刘老师为了让班上不乱,孙主任揍你她也不难受。我跟你说,世界上就是小孩好。真的,还不如我永远不长大呢。"

她最后那句话我永远不会忘记。啊,那时我们都那么稚气,想起真让人心痛！老陈用手紧紧地压着左胸，好像真的沉湎于往事之中了。我也很受感动，简直说不上是佩服他的想象天才呢，还是为这颗真正的童年时代的泪珠所沉醉。说真的，我听到这儿，对这故事的真实性，简直不太怀疑了。

老陈感慨了一阵又讲下去："后来我们一直就很好。哎呀，童年时期，回想起来就像整整一生似的。

"一切都那么清晰、新鲜、毫不褪色、如同昨日！"我说："你快讲呀！编不下去了吗？"

"编，什么话！你真是个木头人。大概你的童年是在猪圈里度过的，没有一宗真正的感情。"

后来我发现了一个新大陆。那是五年级下学期的事情。这个新大陆就是中国书店的旧书门市部。老王，你知道我们那条街上商场旁边有个旧书铺吧？有一天我放了学，不知怎么就走到那里去了。真是个好地方！屋子里暗得像地下室，点了几盏日光灯。烟雾腾腾！死一样的寂静！偶尔有人咳嗽几声，整整三大间屋子里就没几个人。满架子书皮发黄的旧书，什么都有，而且可以白看，根本没人来打搅你。净是些好书，不比学校图书馆里净是些哄没牙孩子的东西。安徒生的《无画的画册》，谜一样的威尼斯，日光下面的神话境界！马克·吐温的《哈克贝利·芬》，妙不可言！我跟你说，我能从头到尾背下来。还有无数的好书，书名美妙封面美好的书，它们真能在我幼小时的心灵里唤起无穷的幻想。我要是有钱的话，非把这铺子盘下来不可。可是我当时真没有几个大子儿，而且这几个大子儿也是不合法的，就是说被我妈发现一定要没收的。我看看这一本，又看看那一本，都是好书，价钱凭良心说也真公道。可是不想买。我总共有七毛钱，可以买一本厚的，也可以买两本薄的。我尽情先看了一通，翻了有八九本，然后挑了一本《无画的画册》，大概不到一毛钱吧，然后又挑了一本《马尔夏斯的芦笛》，我咒写那本破书的阿尔巴尼亚人不得好死！这本破书花了我四毛钱，可是写了一些狗屁不如的东西在上面。我当时不知道辨认作者的方法，就被那个该死的书名骗了，要知道我正看马克·吐温的《哈克贝利·芬》看得上瘾，就因为那本书卖六毛钱放弃了它！我到收款处把带着体温的，沾着手汗的钱交了上去，心里很为我的没气派害羞。可是过了一会儿，我就兴高采烈地走了出去，小心地用手捂着书包里那两本心爱的书。我想，我就是被车轧死，人们也会发现我书包里放着两本好书的，心里很为书和我骄傲。后来仔细看了一遍《马尔夏斯的芦笛》，真为这个念头羞愧。幸亏那天没被车轧死，否则要因为看这种可耻的书遗臭万年的。不过这是后话了，不是当天的事。

我为这幸福付出了代价。因为回家晚挨了一顿好打。不过我死不悔改，晚上睡觉时还想着我发现了一个无穷无尽的快乐的源泉。第二天我上课时完全心不在焉。不过不要紧，我不听课也能得五分。

好容易忍到下午放学，我找到妖妖对她说："喂，妖妖，我发现一个好地方！"

"什么好地方？""旧书店，里面有不计其数的好书！！"

"书？看书有什么意思？不过是小白兔、大萝卜之类。我每天放学之后都去游泳，你看我把游泳衣都带着呢。你陪我去吧？""小白兔、大萝卜根本就不是书。你跟我上一次旧书店吧。包你满意。"

她不大愿意去，不过看我那么兴致勃勃，也不愿扫我的兴。哎呀，那么小的时候我们就学会了珍惜友谊……

"老陈，少说废话，否则我叫你傻瓜了！""傻瓜？你才是傻瓜！你懂得什么叫终生不渝的友谊吗？

我领着她钻进那个阴暗的书店。我看见《哈克贝利·芬》还在书架上，高兴极了，立刻把它抽下来给妖妖，说："你看看这本书，担保你喜欢！"我其实就是为了这本书来的，可是为了收买她的兴致把它出卖了。我又在书架翻了一通，找着了一本卡达耶夫的《雾海孤帆》，马上就看入了迷。

可是我看了一会儿，还不忘看看妖妖。呵，她简直要钻到书里去了。我真高兴！如果，一个人有什么幸福不要别人来分享，那一定是守财奴在数钱。可是我又发现一点小小的悲哀，就是她把我给她的《哈克贝利·芬》放到一边去了，捧着看的是另一本。被她从书架上取下来放在一边的书真是不少，足足有五六本：《短剑》《牛虻》，还有几本。后来我们长大了，这些书看起来就大不足道了。可那是当时！

我看看书店的电钟，六点钟了。昨天被揪过的耳朵还有点痛呢！我说："妖妖，回家吧！""急什么，再看一会儿。""算了吧！明天还能看的。"妖妖抬起头看着我说："你急什么呀？""六点了。"妖妖说："不要紧，到七点再回家。"

我也真想再看一会儿，但是揪耳朵的滋味不想再尝了，我坚决地说："妖妖，我非得回家不可了。"

"你怎么啦？"我什么也不瞒她。我说："我妈要揍我。你看我今天早上左耳朵是不是大一点？噢，现在还肿着哪！"

妖妖伸手轻轻地摸着我的耳朵，声音有点发抖："痛吗？"

"废话，不痛我也不着急走了。""好，咱们走吧。"

我看看《雾海孤帆》的标价，又把它放下了。其实不贵，只要四毛钱。可是我就剩两毛钱了。妖妖问我："这书不好吗？""不，挺有意思。""那干吗不把它买回去看？"

我不瞒她，告诉她我没钱了。她说："我有钱哪。明天我管我妈要一块钱。她准会给的。我还攒了一些钱，把它拿着吧。"

她选了好几本，连《哈克贝利·芬》也在内，交了钱之后书包都塞不下了。她跟我说："你替我拿几本吧，看完了还我。"

可是我不敢拿，怕拿回家叫家里人看见。褥子底下放一两本书还可以，多了必然被发现。如果被我妈看见了，那书背后还打着中国书店的戳哪！要是一下翻出四五本来，准说是偷钱去买的，就是说借妖妖的她也不信。所以我就只拿了《雾海孤帆》回家。

第二天我完全叫《雾海孤帆》迷住了：敖德萨喧闹的街市，阳光，大海，工人的木棚，彼加和巴甫立克的友谊……我看完之后郑重地推荐给妖妖，她也很喜欢。后来她又买了一本《草原上的田庄》，我们也很喜欢：因为这里又可以遇见彼加和巴甫立克，而且还那么神妙地写了威尼斯、那波里和瑞士。不过我们一致认为比《雾海孤帆》差多了。

后来我们又看了无数的书，每一本到现在我都差不多能背下来。《小癞子》《在人间》……世界上的好书真多哇！

有一天，下课以后我被孙主任叫去了。原因是我在上课时看《在人间》。他恐怕根本不知道高尔基是谁。刘老师也不知道。我到教导处时他们两个狗男女正在看那本书哪。我不知他们在书里看出什么，反正他们对我说话时口气凶得要命："陈辉，你知道你思想堕落到什么地步了吗？你看黄色书籍！"

我当时对高尔基是个什么人已经了解了一点，所以不很怕他们的威吓。我说："什么叫黄色书籍呀？"

"就是这种书！你看这种书，就快当小流氓了！"

我猛然想起书里是有一点我不懂的暧昧的地方，看起来让人觉得有点心跳。可是我对小流氓这个称呼坚决反对。我甚至哭了。我说："你瞎说！高尔基不是流氓！他和列宁都是朋友！"孙主任听了一愣，马上跳起来大发雷霆："你说谁胡说？你强词夺理！你还敢骗人！这个流氓会和列宁是朋友？你知道列宁是谁吗？你污蔑革命领袖！"这时候校长走了进来，问："怎么啦？啊，是陈辉！你怎么又不遵守纪律呀？"

孙主任气呼呼地说："这问题严重了，非得找家长不可！看黄色小说！校长，这孩子复杂得很，说这个'割尔基'和列宁是朋友，真会撒谎！"

校长看了看书皮，笑了："高尔基，老孙。我告诉你，高尔基是俄国伟大的无产阶级作家，列宁很关心他的写作。这孩子看这书是早了点。你千万别找陈辉的家长，他爸爸是教育局的呢。你让他知道一个教导主任连高尔基是谁都不知道，那可太丢人了。"

我哭着说："孙主任说我是流氓，我非告诉我爸爸不可。他还说高尔基是流氓作家！他大概根本也不知道列宁是哪国人！"

孙主任脸都吓白了。校长和刘老师赶紧上来哄我："你也别太狂了！大人不比你强？你看过几本书？你现在不该看这种书，我们是为你好。你上课看小说就对吗？好啦，拿着书走吧，回家别乱说，啊？"

我拿回了《在人间》，真比老虎嘴里抢下了一头牛还高兴，赶紧就跑。我根本不敢回家去说，家里知道和老师顶了嘴准要揍我。我赶快跑去找妖妖，可是妖妖已经走了。我又想去书店，可是已经晚了。于是我就回家了。

老王，你看学校就是这么对付我们：看见谁稍微有点与众不同，就要把他扼杀、摧残，直到和别人一样简单不可，否则就是复杂！

好了，我要告诉你，我们不是天天上书店的：买来的书先得看个烂熟，而且还要两个人凑够七八毛钱时才去。我经常两分、五分地凑给妖妖存着。她也从此不吃冰棍了，连上天然游泳场两分钱的存衣钱也舍不得花。我和她到钓鱼台游了几次泳，都是把衣服放在河边。那一天我被孙主任叫去训的时候，她一个人上书店了，后来我看见她拿了一本薄薄的书在看。过了几天她把那本书拿给我说："陈辉，这本书好极了！我们以前看过的都没这本好！你放了学不能回家，到我家去看吧，别在教室里看。"

我一看书名：《涅朵奇卡·涅茨瓦诺娃》。我看了这本书，而且终生记住了前半部。

我到现在还认为这是一本最好的书，顶得上大部头的名著。我觉得人们应该为了它永远纪念陀思妥耶夫斯基。

我永远也忘不了叶菲莫夫的遭遇，他使我日夜不安。并且我灵魂里好像从此有了一个恶魔，它不停地对我说：人生不可空过，伙计！可是人生，尤其是我的人生就要空过了，简直让人发狂。还不如让我和以前一样心安理得地过日子。

不过这也是后话，不是当时的事情。当时我最感动的是卡加郡主和涅朵奇卡的友谊真让我神醉魂销！

不过你别咧嘴，我们当时还是小孩呢。喂，你别装伪君子好不好！我当然是坚决地认为妖妖就是——卡加郡主，我的最亲密的朋友。唯一的遗憾是她不是个小男孩。我跟妖妖说了，她反而抱怨我不是个小女孩。可是结果是我们认为我们是朋友，并且永远是朋友。

不过这样的热情可没维持多长，到了毕业的时候，我们还是很好，但是各考了一个学校。我考了一个男校，妖妖考上了女校五百八十九中。从此就不大见面了。因为妖妖住校。有时在街上走我也不好意思搭理她，因为有同学在旁边呢。我也不愿到她家去。为什么呢？因为我们大了，知道害羞了，并且也会把感情深藏起来，生怕人家看到。不过我从来没有忘记她，后来有一段时间根本没有看见她。中学里很热闹，我有很多事情干呢，甚至不常想起她来。

可是后来女校五百八十九中解散了，分了一部分到我们学校来插班，我们学校从此就成了男女合校。那是初二的事情。妖妖正好分在我们班！

二、人妖（续）

那天下午，老师叫我们在教室里等着欢迎新同学。当然了，大家都很不感兴趣，纷纷溜走，只剩下班干部和几个老实分子。我一听说是五百八十九中，就有点心怀鬼胎，坐在那里不走。

我听见走廊里人声喧哗，好像有一大群女生走了进来，她们一边走一边说，细心听去，好像在谈论校舍如何如何。忽然门砰的一声开了，班主任走进来说："欢迎新同学，大家鼓掌！嗯，人都跑到哪儿去了？"

没人鼓掌，大家都不好意思。她们也不好意思进来，在门口探头探脑。终于有两个大胆的进来了，其余的人也就跟进。我突然看见走在后面的是杨素瑶！

啊，她长高了，脸也长成了大人的模样：虽然消瘦，但很清秀。身材也很秀气，但是瘦得惊人，不知为什么那么瘦。梳着两条长辫子，不过那是很自然的。长辫子对她瘦长的身材很合适。

我细细地看她的举止，哎呀，变得多了。她的眼睛在睫毛底下专注地看人，可是有时又机警得像只猫：闪电般地转过身去，目光在搜索，眉毛微微有一点紧皱；然后又放松了，好像一切都明白了。我记得她过去就不是很爱说话的。现在就更显得深沉，嘴唇紧紧地闭着。可是她现在又把脸转向我，微微地一笑，嘴角嘲弄人似的往上一翘。

后来她们都坐下了，开了个欢迎的班会，然后就散了伙。我出了校门，看见她沿着街道朝东走去。我看看没人注意我，也就尾随而去。可是她走得那么坚决，一路上连头也没回。我不好在街上喊她，更不好意思气喘吁吁地追上去。我看见她拐了个弯，就猛地加快了脚步。可是转过街角往前再也看不见她了。我正在失望，忽然听见她在背后叫："陈辉！"

我像个傻子一样地转过身去，看见她站在拐角处的阴凉里，一脸微笑。她说："我就知道你得来找我。喂，你近来好吗？"我说："我很好。可是你为什么那么瘦？要不要我每天早上带个馒头给你？"

她说："去你的吧！你那么希望人人胖得像猪吗？"

我想我绝对不希望任何一个人胖得像猪，但是她可以胖一点吧？不对！她还是这个样子好。虽然瘦，但是我想她瘦得很妙。于是我又和她并肩走。我问："你上哪里去？"

"我回家，你不知道我家搬了吗？你上哪儿去？"

"我？我上街去买东西。你朝哪儿走？"

"我上10路汽车站。"

"对对，我要买盒银翘解毒丸。你知道松鹤年堂吗？就在双支邮局旁边。咱们顺路呢！"

我和她一起在街上走，胡扯着一些过去的事情。我们又想起了那个旧书店，约好以后去逛逛。又谈起看过的书，好像每一本都妙不可言。我忽然提到：

"当然了，最好的书是……"

"最好的书是……"

"涅……！"我突然在她的眼神里看出了制止的神色，就把话吞了下去，噎了个半死。不能再提起那本书了。我再也不是涅朵奇卡，她也不是卡加郡主了。那是孩子时候的事情。

忽然她停下来，对我说："陈辉，这不是松鹤年堂吗？"我抬头一看，说："呀，我还得到街上去买点东西呢，回来再买药吧。"

我送她到街口，然后就说："好，你去上车吧。"可是她朝我狡猾地一笑，扬扬手，走开了。我径直往家走，什么药也没有买。

可是我感到失望，感到我们好像疏远了。我们现在不是卡加郡主和涅朵奇卡了，也不是彼加和巴普立克了。老王，你挤眉弄眼地干什么！我们现在想要亲近，但是不由自主地亲近不起来。很多话不能说，很多话不敢说。我再不能对她说：妖妖，你最好变成男的。她也不敢说：我家没有男孩子，我要跟我爸爸说，收你当我弟弟。这些话想起来都不好意思，好像小时候说的蠢话一样，甚至都怕想起来。可是想起那时候我们那么亲密，又很难舍。我甚至有一个很没有男子气概的念头。对了，妖妖说得真不错，还不如我们永远不长大呢。

可是第二天，妖妖下了课之后，又在那条街的拐角那儿等我，我也照旧尾随她而去。她笑着问我："你上哪儿呀？" 我又编了个借口："我上商场买东西，顺便上旧书店看看。你不想上旧书店看看吗？"

她二话没说，跟我一起钻进了旧书店。

哎，旧书店呀旧书店，我站在你的书架前，真好比马克·吐温站在了没有汽船的码头上！往日那些无穷无尽的好书哪儿去了呢？书架上净是些《南方来信》和《艳阳天》之类的是书。哈……欠！

我想，我们在旧书店里如鱼得水的时候，正是这些宝贝在新书店里撑场面的时候。现在这一流的书也退了下来，到旧书店里来争一席位置，可见……

纯粹是为了怀旧，我们选了两本书：《铁流》和《毁灭》。我想起了童年时候的积习，顺手把兜里仅有的两毛钱掏给她。可是她一下就皱起眉头来，把我的手推开。后来大概是想起来这是童年时的习惯，朝我笑了笑，自己去交钱了。

出了书店，我们一起在街上走。她上车站，我送她。奇怪的是我今天没有编个口实。她忽然对我说："陈辉，记得我们一起买了多少本书吗？二百五十八本！现在都存在我那儿呢。我算了算总价钱，一百二十一块七毛五。我们整整攒了一年半！不吃零食，游泳走着去，那是多大的毅力呀！对了对了，我应该把那些书给你拿来，你整整两年没看到那些书了。"

我说："不用，都放在你那儿吧。""为什么呢？""你知道吗？到我手里几天就得丢光！这个来借一本，那个来借一本，谁也不还。"

那一天我们就没再说别的。我一直送她上汽车，她在汽车上还朝我挥手。

后来我就经常去送她，开始还找点借口，说是上大街买东西。后来渐渐地连借口也不找了。她每天都在那个拐角等我，然后就一起去汽车站。

我可以自豪地说，从初二到初三，两年一百零四个星期，不管刮风下雨，我总是要把她送到汽车站再回家。至于学校的活动，我是再也没参加过。

可是我们在路上谈些什么呢？哎呀，说起来都很不光彩。有时甚至什么也不说，就是默默地送她上了汽车，茫然地看着汽车远去的背影，然后回家。

有一天我们在街上走，她忽然问我："陈辉，你喜欢诗吗？"

那时我正读莱蒙托夫的诗选读得上瘾，就说："啊，非常喜欢。"后来我们就经常谈诗。她喜欢普希金朴素的长诗，连童话诗都喜欢。可是我喜欢的是莱蒙托夫那种不朽的抒情短诗。我们甚至为了这两种诗的优劣争执起来。为了说服我，她给我背诵了《青铜骑士》的楔子，我简直没法形容她是怎么念出：

我爱你，彼得建造的大城……

她不知不觉在离车站十几米的报亭边停住了，直到她把诗背完。

可是我也给她念了《我爱这连绵不断的青山》和《遥远的星星是明亮的》。那一天我们很晚才分手。

有一天学校开大会，我们出来的时候已经很晚了。那是五月间的事情。白天下了一场雨。可是晚上又很冷。没有风。结果是起了雨雾。天黑得很早。沿街楼房的窗户上喷着一团团白色的光。大街上，水银灯在半天织起了冲天的白雾。人、汽车隐隐约约地出现和消失。我们走到10路汽车站旁。几盏昏暗的路灯下，人们就像在水底一样。我们无言地走着，妖妖忽然问我："你看这个夜雾，我们怎么形容它呢？"我鬼使神差地作起诗来，并且马上念出来。要知道我过去根本不认为自己有一点作诗的天分。

我说："妖妖，你看那水银灯的灯光像什么？大团的蒲公英浮在街道的河流上，吞吐着柔软的针一样的光。"妖妖说："好，那么我们在人行道上走呢？这昏暗的路灯呢？"

我抬头看看路灯，它把昏黄的灯光隔着蒙蒙的雾气一直投向地面。

我说："我们好像在池塘的水底。从一个月亮走向另一个月亮。"

妖妖忽然大惊小怪地叫起来："陈辉，你是诗人呢！"我说："我是诗人？不错，当然我是诗人。"

"你怎么啦？我说真的呢！你很可以做一个不坏的诗人。你有真正的诗人气质！"

"你别拿我开心了。你倒可以做个诗人，真的！"

"我做不成。我是女的，要做也只能成个蓝袜子。哎呀，蓝袜子写的东西真可怕。"

"你什么时候看到过蓝袜子写的东西？"

"你怎么那么糊涂？我说蓝袜子，就是泛指那些没才能的女作家。比方说乔治·爱略特之流。女的要是没本事，写起东西来比之男的更是十倍的要不得。""具体一点说呢？"

"空虚，就是空虚。陈辉，我不是跟你开玩笑，你一定可以当个诗人！退一万步说，你也可以当个散文家。莱蒙托夫你不能比，你怎么也比田间强吧？高尔基你不能比，怎么也比杨朔、朱自清强吧？"

我叫了起来："田间！朱自清！杨朔！妖妖，你叫我干什么？你干脆用钢笔尖扎死我吧！我要是站在阎王爷面前，他老爷子要我在做狗和杨朔一流作家中选一样，我一定毫不犹豫地选择做狗，哪怕做一只癞皮狗！"

妖妖哈哈大笑起来，笑了又笑，连连说："我要笑死了，我活不了啦……哈哈，陈辉，你真有了不得的幽默感！哎呀，我得回家了，不过你不要以为我在和你开玩笑，你可以做个诗人！"

她走了。可是我心里像开了锅一样蒸汽腾腾，摸不着头脑。

她多么坚决地相信自己的话！也许，我真的可以做个诗人？可是我实际上根本没当什么诗人。老王，你看我现在坐在你身旁，可怜得像个没毛的鹌鹑，心里痛苦，思想正在听样板戏，哪里谈得上什么诗人！"

我说："老陈，你别不要脸了。你简直酸得像串青葡萄！"

你听着！你要是遇见过这种事，你就不会这么不是东西了。这以后，我就没有和妖妖独自在一起待过了。我还能记得起她是什么样子吗？最后见到她已经是七年前的事情了。啊！我能记得起的！她是——

她是瘦小的身材，消瘦的脸，眼睛真大啊。可爱的双眼皮，棕色的眼睛！对着我的时候这眼睛永远微笑而那么有光彩。光洁的小额头，孩子气的眉毛，既不太浓，也不太疏，长得那么恰好，稍微有点弯。端立的鼻子，坚决的小嘴，消瘦的小脸，那么秀气！柔软的棕色发辫。脖子也那么瘦：微微地动一下就可以看见肌肉在活动。小姑娘似的身材，少女的特征只能看出那么一点。"喂，你的小手多瘦哇，你的手腕多细哇，我都不敢握你的手。你怎么光笑不说话？妖妖，我到处找你，找了你七年！我没忘记你！我真的一刻也不敢忘记你，妖妖！"

老陈站起来，歇斯底里地朝前俯着身子，眼睛发直，好像瞎了一样，弄得过路人都在看他。我吓坏了，一把把他扯坐下来，咬着耳朵对他说："你疯了！想进安定医院哪！"

老陈呆呆地坐了一会儿，然后茫然地擦了擦头上的汗。

"我刚才看见她了，就像七年前一样。我讲到哪儿了？"

"讲到她说你是个诗人。"

对对，后来过了几天，就开始"文化大革命"了。后来就是大串联！我走遍了全国各地。逛了两年！我和着了魔一样！后来我回到北京，我又想起了妖妖。我想再和她见面，就回到学校。可是她再也没来过学校。我在学校里等了她一年！我不知道她家住在哪儿，我也没有地方去打听！后来我就去陕西了。

我在陕西非常苦闷！我渐渐开始想念她，非常非常想念她！我明白了，《圣经》里说亚当说夏娃是他骨中的骨、肉中的肉，对，就是这么一回事！她是我骨中的骨、肉中的肉。可是到哪里去找她？

后来我又回到北京，可是并不快乐。可是有一天，我在家里坐着，眼睛突然看见书架上有一本熟悉的书，精装的《雾海孤帆》。那是我童年读过的一本，虽然旧了，但是决不会认错的。老王，假如你真正爱过书的话，你就会明白，一本在你手中待过很长时间的好书就像一张熟悉的面孔一样，永远不会忘记。那就是我和她在旧书店买的那一本！可是我记得它在妖妖那儿呀！我简直不能想象出它是在哪儿冒出来的。还认为是我记错了，我看起它，无心去看，但是翻了一翻，还想重温一个童年的旧梦。忽然里头翻出个纸条来，上面的话我一字不漏地记得：

陈辉：

　　我家住在建国路永安东里九楼431号，来找我吧。

杨素瑶

1969 年 4 月 7 日

那正是我到陕西去的第三天！我拿着书去问我妈，这书是谁送来的。我妈很没害臊地说："是个大姑娘，长得可漂亮了。大概是两年前送来的吧。"

我骑上车子就跑！找到永安东里九楼的时候，我连上楼的力气都没有了。腿软得很。心跳得要命，好像得了心律过速。我敲了敲她家的门，有人来开门了！我想把她一把抱住，可是抱住了一个摇头晃脑的老太太。老太太可怕得要命！眼皮干枯，满头白发，还有摇头疯，活像一个鬼！

我问："杨素瑶在家吗？"

老太太一下愣住了："你是谁？"

"我……我是她的同学，我叫陈辉。"

"你是陈辉！进来吧，快进来。哎呀……（老太太哭了，没命地摇头）小瑶……小瑶已经死啦！"

我发了蒙，一切好像在九重雾里。我记得老太太哭哭啼啼地说她回老家去插队，有一次在海边游泳，游到深海就没回来。她哭着说："孩子，我就这么一个女儿呀！我为什么让她回老家呢？我为什么要让她到海边去呢？呜呜……"

我听老太太告诉我，说妖妖在信中经常提到说：如果陈辉来找她就赶快写信告诉她。我陪老太太坐到天黑，也流了不少眼泪。这是平生唯一的一次！等到我离开她家的时候，在楼梯上又被一个姑娘拦住了。

她说："你叫陈辉吧？"

我木然答道："是，我是陈辉。"

"我的邻居杨素瑶叫我把这封信交给你，可惜你来得太晚了。"

我到家拆开了这封信，这封信我也背得上来：

陈辉：

你好！

我在北京等了你一年，可是你没有来。

你现在好吗？你还记得你童年的朋友吗？如果你有更亲密的朋友，我也没有理由埋怨你。你和我好好地说一声再见吧。我感谢你曾经送过我两千五百里路，就是你从学校到汽车站再回家的六百二十四个来回中走过的路。

如果你还没有，请你到山东来找我吧。我是你永远不变的忠实的朋友杨素瑶。

我要去的地方是山东海阳县葫芦公社地瓜蛋子大队。

老陈讲到这里，掏出手绢擦擦眼睛。我深受感动。站起身来准备走了。可是老陈又叫住了我。他说："你上哪儿去？我还没讲完呢！后来我和她又见了一面。"

"胡说！你又要用什么显魂之类的无稽之谈来骗我了吧？"

"你才是胡说！你这个笨蛋。这件事情你一定要怀疑不是真的，可是我愿用生命担保它的真实性。要不是亲身经历过，我也不相信这是真的。你听着！"

他又继续讲下去。如果他刚才讲过的东西因为感情真挚使我相信有这么一回事的话，这一回老陈可就使我完全怀疑他的全部故事的真实性了。不是怀疑，他毫无疑问是在胡说！下面就是他讲的故事——

三、绿毛水怪

后来我在北京待不下去了，也回了山东老家。至于老家嘛，简直没有什么可说的。闭塞得很，人也很无知。我所爱的是那个大海。我在海边一个公社当广播员兼电工。生活空虚透了，真像爱略特的小说！唯一的安慰是在海边上！海是一个永远不讨厌的朋友！你懂吗？也许是气势磅礴地朝岸边推涌，好像要把陆地吞下去；也许不尽是朝沙滩发出的浪，也许是死一样的静，连一丝波纹也兴不起来。但是浩瀚无际，广大的蔚蓝色一片，直到和天空的蔚蓝联合在一起。我看着它，我的朋友葬身大海，想着它多大呀，无穷无尽的大；

多深哪，我经常假想站在海底，看着头上茫茫的一片波浪，像银子一样。

我甚至微微有一点高兴，妖妖倒找到一个不错的葬身之所！我还有一些非非之想，觉得她若有灵魂的话，在海里一定是幸福的。

可是在海中远远的有一片礁石，退潮的时候就是黑黑的一大捧，你可以把它想象成很多东西：一片新大陆，圣海伦岛之类。涨潮的时候就是可笑的一点点，好像在引诱你去那里领受大海的嬉戏。如果是夏天，我每天傍晚到大海里游泳，直到筋疲力尽时，就爬到那里去休息一下。真是个好地方！离岸足有三里地呢。在那里往前看，大海好像才真正把它宽广地显示给你……

有一天傍晚时分我又来到了海滨。那一天海真像一面镜子！只有在沙滩尽边上，才有海水最不引人注意地在抽溅……

我把衣服藏在一块石头底下，朝大海里走去。夕阳的余晖正在西边消逝，整个天空好像被红蓝铅笔各涂了一半。海水浸到了我的腰际，心里又是一阵隐痛……你知道，我听说她死已经是一年前的事情，是一件已经无法挽回的事情了。这种痛苦对于我已经转入了慢性期，偶尔发作一下。我朝大海扑去，游了起来。我朝着那丛礁石游，看着它渐渐大起来，我来了一阵矫健的自由式，直冲到那两片礁石上。要知道那是一大片犬牙交错的怪石，其实在水下是其大无比的一块，足有二亩地大。

一个个小型的石峰耸出水面，高的有一人多高，矮的刚刚露出水面一点。在那些乱石之间水很浅，可是水底下非常地崎岖不平。我想，若干万年前，这里大概是一个石头的孤岛，后来被波涛的威力所摧平。

我爬到最高的一块礁石上。这一块礁石约有两米高，形状酷似一颗巨大的臼齿。我就躺在凹槽里，听着海水在这片礁石之间的轰鸣。天渐渐暗下来。我从礁石后面看去！黑暗首先在波浪间出现。海水有点发黑了。

"该回去了。不然就要看不见岸了。"我在心里清清楚楚地说。找不着岸，那可就糟了。只有等着星星出来才敢往回游，要是天气变坏，就得在石头上过一夜，非把我冷出病来不可！我可没那么大瘾！

我站起身来，眼睛无意间朝礁石中一扫：嗬，把我吓出了一身冷汗！我看见，在礁石中间，有一个好像人的东西在朝一块礁石上爬！

我一下把身子蹲下，从石头后面小心地看去，那个怪物背对着我。他全身墨绿，就像深潭里的青苔，南方的水蚂蟥，在动物身上这是最让人憎恶的颜色了。可是他又非常地像一个人，宽阔的背部，发达的肌肉和人一般无异。我可以认为他是一个绿种人，但是他又比人多了一样东西，就其形状来讲，就和蝙蝠的翅膀是一样的，只是有一米多长，也是墨绿色的，完全展开了，紧紧地附在岩石上。蝙蝠的翅膀靠趾骨来支撑。在这怪物的翅膀中，也长了根趾骨，也有个爪子伸出薄膜之外紧紧地抓住岩石。

他用爪子抓住岩石，加上一只手的帮助，缓缓地朝上爬，而一只手抓着一杆三齿叉，齿锋锐利，闪闪有光，无疑是一件人类智慧的产物。可是我并不因为这个怪物有人间兵器而产生什么生理上的好感：因为他有翅膀又有手，尽管像人，比两个头的怪物还可怕。你知道，就连鱼也只有一对前鳍，有两对前肢的东西，只有昆虫类里才有。

他慢慢把身体抬出水面。不管怎么说，他无疑很像一个成年的男子，体形还很健美，下肢唯一与人不同的地方就是因为水下生活腿好像很柔软，而且手是圆形的，好像并在一起就可以成为很好的流线体。脚上五趾的形象还在，可是上面长了一层很长很宽的蹼，长出足尖足有半尺。头顶上戴了一顶尖尖的铜盔。我是古希腊人的话，一定不感到奇怪。可我是一个现代人哪。我又发现他腰间拴了一条大皮带，皮带上带了一把大得可怕的短剑：根本没有鞘，只是拴着剑把挂在那里。

我不大想和他打交道。他装备得太齐全了，体格太强壮了。可是我又那么骨瘦如柴。我想再看一会儿，但是不想惊动他。因为如果他有什么歹意，我绝对不是个儿。

我必须先看好一条逃路，要能够不被他发现地溜到海里去，并且要让人在相当长的距离里看不见我，再远一点，因为天黑，在波浪里一个人头都和一根木头看起来差不多了。我回头朝后看看地势，猛然吓出了一身冷汗：原来身后的礁石上也爬上来好几个同样的怪物，还有女的。女的看起来样子很俊美，一头长长的绿头发，一直披到腰际。可就是头发看起来很粗，湿淋淋地像一把水藻。

他们都把翅膀伸开钩住岩石，赤裸的皮肤很有光泽。至于装扮和第一个差不多。头上都有铜盔，手里也都拿着长矛或钢叉，离我非常之近！最远的不过十米，可是居然谁也没发现我。可是我现在真是无路可逃了。我找不到一个地方可以躲在他们的交叉视线之外，如果一头跳下去，那更是没指望。这帮家伙在水里追上我是毫无问题的；在水里搞掉我更比在礁石上容易。

我下了一个勇士的决心，坚决地站了起来，把手交叉在胸前，傲慢地看着他们。第一个上岸的水怪发现我了，他拄着钢叉站了起来，朝我一笑，这一笑在我看来是不怀好意。他一笑我还看见了他的牙齿：雪白雪白，可是犬齿十分发达。我认为自己完了。这无疑是十分不善良的生物，对我又怀有十分不善良的用心！我在一瞬间慌忙地回顾了一下自己的一生：有很多后悔的地方。可是到这步田地，也没有什么太可留恋、叫我伤心得流泪的东西。我仔细一想，我决不向他乞怜，那不是男子汉的作为。相反，我唯一要做到的就是死得漂亮一些。我迎上几步对他说："喂，伙计，听得懂人的话吗？我不想逃跑了。逃不过你们，抵抗又没意思，你把刀递过来吧，不用你们笨手笨脚地动手！"他摇摇头，好像是不同意，又好像不理解。然后伸手招我过去。

我说："啊，想吃活的，新鲜！那也由你！"我绝不会容他们生吞活剥的。我要麻痹他的警惕性，然后夺下叉子，拼个痛快！

可是我耳边突然响起了一阵笑声。那水怪大声笑着对我说：

"你把我们当成什么了？食人生番？哈哈！"

其他的水怪也随着他一起大笑。我非常吃惊。因为他说的一口美妙的普通话，就口音来说毫无疑问是中国人。

我问："那么您是什么……人呢？"

"什么人？绿种人！海洋的公民！懂吗？"

"不懂！"

"告诉你吧。我过去和你恐怕还是同乡呢！我，还有我们这些伙计，都是吃了一种药变成这个样子的。我们现在在大海里生活。"

"大海里？吃生鱼？"他点点头。"成天在海水里泡着？喂，伙计，你不想再吃一种药变回来吗？"

"还没有发明这种药。但是变不回来很好。我们在海里过得很称心如意。"

"恐怕未必吧。海里有鲨鱼、逆戟鲸，还有一些十分可怕的东西。大海里大概也不能生火，只能捉些小鱼生吃。恐怕你们也不会给鱼开膛，连肠子一起生嚼，还觉得很美。晚上呢？爬到礁石上露宿？像游魂一样地在海里漂泊！终日提心吊胆！我看你们可以到渔业公司去报到。这样你们就可以一半时间在岸上舒服的房间里过。我想你们对他们很有用。"

"哈哈，渔业公司！小伙子，你的胆量大起来了，刚才你还以为我们要吃你当晚饭！你把我们估计得太简单了。鲨鱼肉很臊，不然我们准要天天吃它的肉。告诉你，海里我们是霸王！鲨鱼无非有几颗大牙，你看看我们的钢叉！海里除了剑鱼什么也不及我们的速度。我们吃的东西嘛，当然是以生鱼为主。无可否认，吃的方面我们不大讲究。但是也有一些东西是你们享用不到的。你知道鲜海蜇的滋味吗？龙虾螃蟹，牡蛎海参……"

我大叫一声："你快别说了，我要吐了。我一辈子也不吃海里的玩意！"

"是吗？那也不要紧，慢慢会习惯的。小伙子，我看你还有点种，参加我们的队伍吧！吃的当然比不上路易十四，可是我看你也不是爱吃的人，不然你就不会这么瘦了。跟我们一起去吧。海里世界大得很呢。它有无数的高山峻岭、平原大川，辽阔得不可想象！还有太平洋的珊瑚礁，真是一座重重叠叠的宝石山！我可以告诉你，海是一个美妙的地方，一切都笼罩着一层蓝色的宝石光！我们可以像飞快的鱼雷一样穿过鱼群，像你早上穿过一群蝴蝶一样。傍晚的时候我们就乘风飞起，看看月光照临的环行湖。我们也常常深入陆地，美国的五大淡水湖我们去过，刚果河、亚马逊河我们差一点游到了源头。半夜时分，我们飞到威尼斯的铅房顶上。我们看见过海底喷发的火山、地中海神秘的废墟。海底有无数的沉船是我们的宝库……"

"不过你们还是一群动物，和海豚没什么两样。"

"是吗？你如果这么认为就大错特错了。我们中间有学者。我在海中碰上过四个剑桥的大学生，五个牛津的。有一个家伙还邀我们去看他的实验室：设在一个珊瑚礁的山洞里。哈哈，我们中间真有一些好家伙！迟早我们海中人能建立一个强国，让你们望而生畏；不过还得我们愿意。总的来说，我们是不愿意欺负人的。不过，现在我们不想和你们打交道，甚至你们都不知道海里有我们。可是你们要是把海也想得乌烟瘴气的话，我们满可以和你们干一仗的。"

"啊！我是不是在和海洋共和国外交部部长说话？"

"不是，哈！哪有什么海洋共和国！只不过我们在海底碰上的同类都有这样的意见。"

"哈哈，这么说，所谓海底强国的公民，现在正三五成群地在大海里漫游，和过去的蒙古人一样？"

"笑什么？当然在某种程度上是这样，可也有人在海底某处定居，搞搞科研，甚至有相当规模的工业、相当规模的城市，有人制造水下猎枪，有人会冷锻盖房子的铅板，有人给水下城市制造街灯。还可以告诉你，有人在研究和陆地打一场核战争的计划，作为一种有备无患的考虑。"

"真的吗？哎呀，这个世界更住不得了。"

"你不信吗？你可以去看看！只要你加入我们的行列，你就知道我说得不假了。陆地上的对海洋知道什么？海大得很！海底什么没有啊！……告诉你，我们可不是食人生番。今天晚上我们要到济州岛东面的岩洞音乐厅去听水下音乐会。水下音乐！岸上的音乐真可怜哪。我们有的是诗人和其他艺术家，在海底，象征派艺术正在流行。得啦，告诉你的不少了，你来不来？"

"不来！我从小就不能吃鱼，闻见腥味就要吐，哎呀，你身上真腥！"

"你不来就算了，为什么要侮辱人？你不怕我吃你？刚才你还全身发抖，现在就这么张狂！好啦，回去不要跟别人说你碰见水怪了。不过你说也无妨，反正不会有人相信。" 我点点头。这时天已经很暗了，周围成了黑白两色的世界，而且是黑色的居多。只有最近的东西才能辨出颜色。最后的天光在波浪上跳跃。我看看远处模糊的海岸，真想和海怪们告辞了。可是我忽然听见有人在背后叫："陈辉！"

我回头一看：有一个女水怪，半截身子还在水里，伏在礁石上，一顶头盔放在礁石上，长长的头发披下来遮掩住了她的身躯。可是她朝我伸出一条手臂低低地叫着："陈辉！"

声音是陌生的低沉，她又是那么丰满而柔软，像一只海豹。但是我认出了她的面容，她独一无二的笑容，我在天涯海角也能认出来——她是我的妖妖！

我打了个寒噤，但是一个箭步就到了她跟前，在礁石上跪下对她俯下身子，把头靠在她的头发上。

她伸出手臂，抱住我的脖子。哎呀，她的胳膊那么凉，好像一条鱼！我老实跟你说，当时把我吓了一大跳，不由自主地想把它拿下来。

我们静默了一会儿，忽然其他的水怪大笑起来。和我说话的那一个大笑着说："哈哈！他就是陈辉！在这儿碰上了！伙计们，咱们走吧！"

他们一齐跳下水去。强健的两腿在身后泛起一片浪花，把上身抬出水面，右手高举钢叉，在水面上排成一排，疾驰而去，好像是海神波赛顿的仪仗。

等到他们在远处消失，妖妖就把双手紧紧地抱住我的脖子。我打了一个寒噤，猛地一下挣开了，不由自主地说："妖妖，你像一个死人一样凉！"她从石头上撑起身子看看我，猛然双眼噙满了泪，大发雷霆："对了对了，我像死人一样凉，你还要说我像鱼一样腥吧？可是你有良心吗？一去四五年，连个影子也不见。现在还来说风凉话！你怎么会有良心？我怎么瞎了眼，问你有没有良心？你当然不会有什么良心！你根本不记得有我！"

　　我吃了一惊："你怎么了？你为什么要说这种话？我到处找你！我怎么会知道你当了……海里的人？"

　　"啐！你直说当了水怪好了。我怎么知道还会遇上你？啊？我等了你四年，最后终于死了心。然后没办法才当了水怪。我以为当水怪会痛快一些，谁知你又冒了出来？可是我怎么变回去呢？我们离开海水二十四个小时就会干死！"

　　"妖妖，你当水怪当得野了，不识人了。你怎么知道我不愿意和你一起当水怪了呢？"

　　"啊？真的吗？我刚才还听见你说死也不当水怪呢！"

　　"此一时彼一时也。你把你们的药拿来吧。"

"可是你怎么不早说呢？药都由刚才和你说话的人带着，他们现在起码游出十五海里了！"

我觉得头里轰的一声响，眼前金星乱冒，愣在那里像个傻瓜。我听见妖妖带着哭声说："怎么啦陈辉，你别急呀，你怎么了？别那么瞪着眼，我害怕呀！喂！我可以找他们去要点药来，明天你就可以永远和我在一块儿了！"

我猛然从麻木中惊醒："真的吗？对了，你可以找他们去要的，我怎么那么傻，居然没有想到？哈哈，我真是个傻瓜！你快去吧，我在这里等你。半个小时能回来吗？"

"半个小时！陈辉，你不懂我们的事情。他们走了半个多钟头了。大概离这儿三十五里。我们用最快的速度去追，啊，大概七个小时能追上他们。然后再回来，如果不迷失方向，明天中午可以到。我们这些人根本就不会慢慢溜达，在海里总是高速行驶，谁要是晚走一天就得拼命地赶一个月。我大概不能在途中追上他们，得到济州岛去找他们了。"

"那好，我就在这儿等你，明天中午你还上这儿找我吧。"

"你就在这礁石上过夜吗？我的天，你要冻病的！一会儿要涨潮了，你要泡在水里的！后半夜估计还有大风，你会丧命的！我送你上岸吧！"

"你怎么送我上岸？背着我吗？我的天，真是笑话！你快走吧，我自己游得回去。星星快出来了，我能找着岸。明天中午我在这里等你，你快走吧！"

这时候整个天空已经暗下来，只有西面天边的几片云彩的边缘上还闪着光。海面上起了一片片黑色的波涛，沉重地打在脚下。不知什么时候起了风，现在已经很大了。水不知不觉已经涨到了脚下，又把溅起的飞沫吹到身上。我觉得很冷。尽力忍着，不让上下牙打架。

妖妖抬起头，仔细地看了我一眼，然后"嗵"的一声跃入海里。等到我把脸上的水抹掉，她已经游出很远了。我看到她迎着波涛冲去，黑色的身躯两侧泛起白色的浪花。她朝着广阔无垠的大海——无穷无尽的波涛，昏暗无光之下的一片黑色的、广漠浩瀚的大海游去了。我看见，她在离我大约半里地的地方停下了，在汹涌的海面上把头高高抬出海面在朝我瞭望。我站起来朝她挥手。她也挥了挥手，然后转身，明显加快了速度，像一颗鱼雷一样穿过波浪，猛然间，她跃出水面，张开背上的翅膀在水面上滑翔了一会儿，然后像蝙蝠一样扑动翅膀，飞上了天空，转瞬之间就变成了一个天上的小黑点。

我尽力注视着她，可是不知在哪一瞬间，那个黑点忽然看不见了。我看看北面天上，北斗七星已经能看见了，也就跳下海去。

那一夜正好刮北风，浪直把我朝岸上送。不过尽管如此，到了岸上，天已经黑得可怕。一爬出水来，风一吹，浑身皮肉乱颤。我已经摸不清在哪儿上的岸，衣服也找不到了。幸亏公社的会议室灯火通明，爬上一个小山就看见了，我就摸着黑朝它走去。

我到现在也不知那一夜我走的是些什么路，只觉得脚下时而是土埂，时而是水沟，七上八下的，栽了无数的跟头。黑暗里真是什么也看不见。不一会儿，我就觉得身上发烧，头也晕沉沉的。我栽倒了又爬起来，然后又栽倒，真恨不得在地上爬！看起来，好像路不远，可是天知道我走了多久！

后来总算到了。我摸回宿舍，连脚也没洗，赶快上床，拉条被子捂上：因为我自己觉得已经不妙了，身上软得要命。我当时还以为是感冒，可是过了一会儿，身上燥热不堪，头脑晕沉，思想再也集中不起来，后来意识就模糊了。

半夜时分，我记得电灯亮了一次，有人摸我的额头。然后又有两个人在我床头说话。我模模糊糊听见他们的话："大叶肺炎……热度挺高……不要紧他体质很好……"

然后有人给我打了一针。我当时虽然头脑昏乱，但是还是想："坏了，明天不知能不能好？还能去吗？可是一定要去！"然后就昏昏睡去。

等我醒来，只觉得头痛得厉害，可是意识清醒多了。屋里一个人也没有，但是天已经大亮。我看看闹钟，吓了一跳：已经两点半了。我拼命挣扎起来，穿上拖鞋，刚一起立，脑袋就嗡嗡作响，勉强走到门口，一握门把，全身就坠在地上。我在地上躺了一会儿，等到地上的凉气把身上冰得好过一点，又拼命站起来。我尽力不打晃，在心里坚定地喊着：一！二！一！振作起精神，开步走到院里，眼睛死盯着院门，走过去。

忽然有人一把捉住我的手。我一回头，脑袋一转，头又晕了。我看见一张大脸，模模糊糊只觉得上面一张大嘴。后来看清是同住的小马。他朝我拼命地喊着什么，可是我一点也听不见。猛然我勃然大怒觉得他很无礼，就拼命挥起一拳把他打倒。然后转身刚走了一步，腿一软也倒下了，随即失去了知觉。

以后我就什么也看不见了：眼前一片黄雾，只偶尔能听见一点。我在蒙眬中听见有人说："反应性精神病……因高烧所致。"我就大喊："放屁！你爷爷什么病也没有！快把我送到海边，有人在那儿等我！然后又胡喊了一阵："妖妖！快把药拿来呀！拿来救我的命呀！……"

后来我在公社医院里醒来了，连手带脚都被人捆在床上。我明白，这回不能使蛮的了。如果再说要到海边去，就得被人加上几根绳索。我嬉皮笑脸地对护士说："大姐，你把我放了吧。我都好了，捆我干什么？"护士报告医生，医生说等烧退了才能放。我再三哀求也不管用。

过了半天，医生终于许可放开我了。一等护士离开，我就从窗户里跳了出去，赤着脚奔到海边。可是等我游到礁石上，看见了什么呢？空无一物！在我遇到妖妖的那块石头上，有一片刀刻的字迹：

　　陈辉，祝你在岸上过得好，永别了。但是你不该骗我的。

　杨素瑶。

老陈猛一下停了下来，双手抱住头。停了一会儿抬起头的时候，我看见他眼里噙满了泪。他大概看见我满脸奸笑，霍地一下坐直了：

"老王，我真是对牛弹琴了！"

我说："怎么，你以为我会信以为真吗？"

"你可以不信。"

"我为什么要信？""但是我怎么会瞎了眼，把你当成个知音！再见老王，你是个混蛋！"

"再见，老陈，绿毛水怪的朋友先生，候补绿毛水怪先生！"

忽然老陈眼里冒出火来，他猛地朝我扑来。所以到分手的时候，我带着两个青眼窝回家。

可是你们见过这样的人吗？编了一个弥天大谎，却硬要别人相信？甚至动手打人！可是我挨了打，我打不过他，被他骑着揍了一顿……世上还有天理吗？

图书在版编目（CIP）数据

爱你就像爱生命 / 王小波，李银河著 . —— 长沙：湖南文艺出版社，2017.7
ISBN 978-7-5404-8077-6

Ⅰ . ①爱… Ⅱ . ①王… ②李… Ⅲ . ①王小波（1952-1997）- 书信集 Ⅳ . ① K825.6

中国版本图书馆 CIP 数据核字 (2017) 第 093370 号

上架建议：经典 · 文学

AI NI JIU XIANG AI SHENGMING

爱你就像爱生命

作　　者：王小波　李银河
出 版 人：曾赛丰
责任编辑：薛 健　刘诗哲
监　　制：毛闽峰　赵 萌　李 娜　刘 霁
特约策划：郑中莉　冯旭梅
特约编辑：冯旭梅
营销推广：杨 帆　周怡文
版权支持：文赛峰
装帧设计：张丽娜
内文插图：锅一菌
出版发行：湖南文艺出版社
　　　　　（长沙市雨花区东二环一段 508 号　邮编：410014）
网　　址：www.hnwy.net
印　　刷：北京天宇万达印刷有限公司
经　　销：新华书店
开　　本：875mm×1270mm　1/32
字　　数：147 千字
印　　张：8.5
版　　次：2017 年 7 月第 1 版
印　　次：2019 年 1 月第 4 次印刷
书　　号：ISBN 978-7-5404-8077-6
定　　价：39.80 元

质量监督电话：010-59096394
团购电话：010-59320018